Studium Essentials

Dein Must-Have für effektiveres Lernen und das ganze Drumherum für dein Traumstudium!

1. Auflage, Februar 2022

Hendrik Breland &
Julian Garisch

ISBN: 978-90-832339-0-1

Cover: Wolkenart Design

Buchsatz: Shah_nawaz17

Inhaltsverzeichnis

Hey,

endlich hast du es geschafft!

Du hast das öde Gefängnis der Schule hinter dich gebracht und bist endlich im Traum von Freiheit und Selbstbestimmung angelangt. Niemand steht mehr morgens mit dem Klassenbuch vor der Tafel und fragt deinen Namen ab und kritzelt ein Minus neben deinen Namen, da du mal wieder die Hausaufgaben verpennt hast.

Bei Temperaturen ab 25 Grad kannst du jetzt getrost den ganzen Tag im Park verbringen und im Anschluss endlich deine volle Aufmerksamkeit deinem Lieblingsgame auf der Playstation schenken...

...Ach ja, ein bisschen studieren „nebenbei" kriegst du easy gebacken, oder?

So in der Art haben es sich viele von uns einmal vorgestellt. Leider sieht die bittere Realität spätestens zwei Wochen vor der Prüfungsphase dann aber ganz anders aus. Auf einmal merkst du, dass du den ganzen Stoff in den Vorlesungen noch ganz plausibel empfunden hast. Wenn dich jetzt jedoch jemand fragt, was man gemacht hat und wie man es anwendet, stehst du auf einmal auf dem Schlauch. Jetzt gehst du das ganze Skript durch und siehst, wie viele Dinge du noch zu lernen hast und realisierst auf dem Kalender, dass wie von Wunderhand auf einmal nur noch zwei Wochen bis zur Klausurphase übrig sind. Nicht nur das: Der Kalender ist bereits gut gefüllt mit Training, Nebenjob und eine Hausarbeit musst du auch noch vorbereiten...

PANIK!!!

Jetzt auf einmal ist der Druck so groß, dass du gar nicht weißt, wo du anfangen und wie du das Ganze überhaupt noch schaffen sollst. Viele Studenten geben an dieser Stelle bereits auf und merken, dass ein Studium/ der Studiengang doch nicht das richtige für sie ist. Andere geben nun alles und versuchen das Ruder noch rumzureißen. Sie sitzen von nun an täglich 16 Stunden mit einem Sixpack Energydrinks und einer Schachtel Ritalin in der Bib und versuchen verzweifelt, den ganzen Stoff noch irgendwie in den Kopf reinzubekommen. Mit Mühe und Not schaffen Sie es dann in der Regel noch, zumindest einen Teil der Prüfungen so gerade noch zu bestehen. Doch wenn du sie 2 Monate später über die einfachsten Sachverhalte vom letzten Semester befragst, ist außer der Abhängigkeit zu Energydrinks aus der letzten Lernphase nicht viel übrig geblieben...

Dass dies nicht der Sinn eines Studiums ist, wird dir selbst klar sein. Doch wie geht es anders?

In der Schule oder im Beruf bringt uns in der Regel niemand bei, wie das Studieren funktioniert. Selbstmanagement, Lerntechniken, das richtige Mindset. Dies sind alles Dinge, die einem als Talent mitgegeben wurden oder auch nicht. Der eine kann es besser als der andere. Aber die gute Nachricht ist, dass du auch das Lernen lernen kannst. In der Geschichte gibt es zahlreiche Beispiele für Menschen, die Startschwierigkeiten hatten und später richtig erfolgreich geworden sind. Wusstest du zum Beispiel, dass Apple Gründer Steve Jobs ein eher durchschnittlicher Schüler war und später sein Studium abgebrochen hat und nur noch einzelne Vorlesungen besuchte?

Natürlich sind das Ausnahmetalente, aber mit etwas Arbeit an dir selbst kannst du es sicher erreichen, dir das Studium mit Bestnoten und ohne Stress zu bewältigen. Nötig hast du dazu nur die Bereitschaft, etwas an dir zu Arbeiten und eine Guideline, welche dir hilft, die richtigen Dinge zu tun und dir den Weg zeigt.

An dieser Stelle freuen wir uns, dich herzlich willkommen zu heißen bei diesem Studienratgeber. Dieses Buch wird dir helfen, dich selbst und das Studentenleben besser zu verstehen und die richtigen Dinge zu tun, welche dich im Studium zum Erfolg bringen. Wir begleiten dich beim ganzen „Drumherum“ in Teil 1 des Buches von der Einstellung des Mindsets, über die richtige Studiengangwahl über organisatorische Tipps und Tricks bis hin zur richtigen Berufswahl. Wir möchten dir gerne in allen Bereichen zur Hand gehen, denn deine individuellen Schwierigkeiten, die dich bremsen und zurückhalten, können verschiedenster Natur sein.

Der eine hat Probleme wegen finanzieller Engpässe, dem anderen fehlt es an einem wirklichen Ziel und wiederum jemand anderem fehlt es an den richtigen Lerntechniken. Deshalb bitten wir dich, genau dass aus dem Buch mitzunehmen, was für dich ganz persönlich nützlich ist und dir auf deinem Weg weiterhilft.

In Teil 2 des Buches tauchen wir mit dir in die Welt des Lernens ein und helfen dir, die entscheidenden Mechanismen beim Lernen bestens zu verstehen. Dies wird dir helfen, deine Performance, das bedeutet deine Leistungsfähigkeit beim Lernen, auf höhere Stufen zu heben.

Leider können wir jedoch nicht mehr machen, als dieses Buch zu schreiben, und dieses Buch kann nicht mehr, als von dir gelesen zu werden und ansonsten im Schrank zu stehen. Die gewünschte Verbesserung zu bewirken, liegt bei dir selbst! Deswegen möchten wir dir Folgendes aufrichtig ans Herz legen: Lass dir Zeit und lies dieses Buch Kapitel für Kapitel und nicht wie einen Roman in einem Rutsch von vorne bis hinten einfach durch. Verinnerliche die Inhalte und setze sie am besten sofort in deinem Alltag um.

Um dir genau dieses Umsetzen zu vereinfachen und das Lesen für dich abwechslungsreich zu machen, haben wir uns bemüht, dieses Buch möglichst interaktiv zu gestalten, indem wir folgende kleine Hilfsmittel eingebaut haben:

- ✓ *Merksätze* geben die Kernaussage des jeweiligen Kapitels kurz und prägnant wieder.
- ✓ *Level* stellen dir kleine Aufgaben, um die Kapitelinhalte direkt anzuwenden.
- ✓ *Google-it* bezeichnet eine kurze Internetrecherche, die lediglich ein paar Minuten in Anspruch nehmen sollte.

Diese drei Mini-Aufgaben sollen die Thematik der jeweiligen Kapitel vertiefen oder vereinfacht darstellen. Aber keine Panik, sie warten nicht allesamt gebündelt am Ende jedes Kapitels, sondern verteilen sich punktuell über das gesamte Buch – und sie dauern auch wirklich nicht lange!

Aus der Wirtschaft kennst du das mit Sicherheit schon: „Zeit ist Geld." [1] Diese Redewendung lässt sich nicht nur auf den Wert der Arbeitszeit beziehen, sondern auch auf den Wert der Zeit allgemein. Nicht nur unsere eigene, sondern auch deine Zeit ist uns sehr wertvoll, weshalb wir darauf geachtet haben, dir weder überflüssige Informationen noch unnötige Verlinkungen oder Level zu geben, die du gar nicht brauchst.

Wir bemühen uns, Fachbegriffe, die für das Verständnis nicht essenziell sind, zu vermeiden und die Themenbereiche so einfach wie möglich darzustellen. Wenn du aber Interesse an tiefgründigeren Auseinandersetzungen hast, kann ich dir nur empfehlen den angegebenen Quellen nachzugehen oder auf eigene Faust Nachforschungen anzustellen.

Abschließend möchten wir bezüglich unserer Formulierungen noch einen wichtigen Aspekt erwähnen: Wenn wir beispielsweise von Studenten sprechen, schließen wir mit dieser eigentlich männlichen Bezeichnung die Damen, in

---

[1] Benjamin Franklin, *Advice to a Young Tradesman: Written by an Old One*. Philadelphia: New-Printing-Office, 1748.

diesem Fall die Studentinnen, sowie diverse Studierende natürlich ebenfalls mit ein. Dieses dient lediglich zur Vereinfachung des Leseflusses und gilt selbstverständlich für jeden anderen Begriff dieser Art gleichermaßen.

Wir sind davon überzeugt, dass sich durch dieses Buch die Fragezeichen in deinem Kopf in Luft auflösen werden und du sehr stark davon profitieren kannst.

Wir wünschen dir viel Erfolg!

TEIL 1

Das Drumherum

Der universelle Studienratgeber

Mindset

Am allerwichtigsten – noch wichtiger als spezielle Lerntechniken – ist dein Mindset. Dieser vielleicht etwas fremdartig klingende Begriff stammt aus dem Englischen und bezeichnet die innere Haltung, die du gegenüber einem bestimmten Sachverhalt einnimmst. Wörtlich übersetzt bedeutet Mindset *„Einstellung des Verstandes"*.

Diese Haltung äußert sich in Form von sogenannten *Glaubenssätzen*. Sie heißen so, weil sie keine Tatsachen, sondern lediglich Behauptungen sind, von denen du denkst, dass sie stimmen würden. Dabei können sie sowohl positive als auch negative Haltungen gegenüber einer Sache zum Ausdruck bringen.

Ein Beispiel für einen negativen Glaubenssatz wäre: „Ich schaffe das sowieso nicht." Ist das eine unveränderliche Tatsache? Nein... Sehen das alle so? Auch nicht! Also handelt es sich nur um eine Behauptung, von der du „glaubst", dass sie stimmen würde.

Ein Beispiel für einen positiven Glaubenssatz ist das genaue Gegenteil: „Ich schaffe das!" Mit dieser Einstellung fühlst du dich nicht nur besser, sondern stehst auch nach Rückschlägen sehr viel schneller wieder auf den Beinen, da du mit einer positiven Herangehensweise den Dingen begegnest und dich nicht unterkriegen lässt. Solche positiven Glaubenssätze benötigst du unbedingt, um grundsätzlich im gesamten Leben erfolgreich zu sein – auch weit über das Studium hinaus!

Dabei gibt es zwei vollkommen gegensätzliche Grundverständnisse des Mindsets, mit denen wir Menschen die Welt betrachten: [1.] das *Fixed-Mindset* und [2.] das *Growth-Mindset*.

Eine Person mit einem *Fixed-Mindset* versteht ihre Fähigkeiten und den damit verbundenen Erfolg beim Lernen oder auch im Arbeitsleben als angeboren, da sie diesen an ihre Intelligenz bindet. Somit betrachtet sie ihre Fähigkeiten und ihren Erfolg als unveränderbar.

Jedoch ist das ein rückständiges und falsches Verständnis, da Fleiß, Engagement und Ausdauer mehr Erfolg bringen als angeborene Intelligenz.

Dagegen ist das *Growth-Mindset* die Einstellung, die sich genau das zunutze macht:

„Ich kann meine Fähigkeiten verbessern und mein Wissen erweitern. Meine Chancen und meine Zukunft kann ich aktiv gestalten und sind mir nicht genetisch angeboren!"

Wenn du dir dieses Growth-Mindset aneignest, betrachtest du deine Fähigkeiten und den damit verbundenen Erfolg als beeinflussbar und ausbaufähig. Du kannst mit der nötigen Anstrengung und einem ausdauernden langen Atem alles erreichen.[2]

Schon als wir Kinder waren, haben uns unsere Eltern immer versichert: „Du kannst alles werden, was du willst!" Sie haben uns damals eigentlich schon das beste Mindset mitgegeben, aber irgendwie haben wir den Glauben daran verloren oder es einfach vergessen... Vielleicht haben wir aber auch einfach aufgehört, zu träumen...

Träume sind etwas wirklich Wunderbares. Das Beste ist, sie sind vollkommen frei und grenzenlos! Und je präziser dein Traum ist, desto besser kannst du ihn als Ziel verfolgen. Halte an deinen Träumen fest und erinnere dich häufig an sie. Nimm dir Zeit, zu träumen!

Dabei ist es nicht wichtig, was andere über deinen Traum denken oder ob du etwas träumst, wovon noch niemand vor dir geträumt hat. Das bedeutet gar nichts! Du kannst all deine Träume verwirklichen, wenn du dafür arbeitest und dich anstrengst! Dabei ist es auch egal, wie hoch oder niedrig andere Leute deine Chancen einstufen, du kannst dein Ziel erreichen – alles ist möglich!

Dazu ein kurzes Beispiel: Ein Freund ist schon während der Grundschule auf die Sonderschule gewechselt und von dort aus auf die Hauptschule, wo er seinen Realschulabschluss gemacht hat. Daraufhin ist er auf ein Gymnasium gegangen und hat sein Abitur mit einem Schnitt von Zwei Komma Und absolviert. Obwohl eigentlich ein Einser-Schnitt für ein Medizin-Studium notwendig ist, hat er an seinem Traum, Arzt zu werden, festgehalten und sich bei einer Universität für das Medizinstudium beworben. Er kam ins Losverfahren und wurde als Student angenommen.

Damit wollten wir natürlich nicht behaupten, dass Arzt zu werden das einzige erstrebenswerte Ziel sei! Mit dieser **wahren Geschichte** wollten wir dir nur

---

[2] Prof. Carol Susan Dweck, *Mindset: The New Psychology of Success.* Random House LCC US, Dezember 2007.

zeigen, dass auch du mit genügend Fleiß und einer langanhaltenden Ausdauer alles erreichen kannst, ganz egal, wie deine Startbedingungen dafür sind!

Und wisse: Dies ist kein Einzelfall, es gibt da draußen Tausende solcher Erfolgsstorys!

Level 1:

Die großen Persönlichkeiten der Geschichte, seien es Caesar, Napoleon oder Christoph Kolumbus, waren auch nur einzelne Personen, die durch Anstrengung und Hartnäckigkeit viel erreicht haben. Und genau das Gleiche kannst du auch!

Lege nun das Buch für 5 Minuten zur Seite und denke ganz entschlossen nach. Mache dir bewusst, dass du mit der richtigen Einstellung alles erreichen kannst, was du willst, und deine Träume verwirklichen kannst – egal, was es ist!

Mit dem Mindset ist ein wichtiger Begriff verbunden: *Grit* (auf Deutsch: „*Biss*"). Du hast „den nötigen Biss" bestimmt schon in der ein oder anderen Redewendung bereits gehört. Du kannst dir das bildhaft wirklich wie einen großen Wachhund vorstellen, der einmal fest zubeißt und danach nicht mehr loslässt.

Spitzenleistungen setzen einen langatmigen Prozess voraus: Du förderst deine Leidenschaft zu einer Sache oder einem Thema über lange Zeit hinweg und legst ein starkes Durchhaltevermögen an den Tag. Auf diesem Weg kannst du auch schwierige Hürden überwinden.

Dabei kann Talent zwar helfen, macht aber vergleichsweise nur einen Bruchteil des Erfolges aus. Talent beschreibt lediglich eine Begabung zu einer Sache, wodurch dir das Erlernen davon einfacher fällt. Leidenschaft und Durchhaltevermögen machen vom Erfolg jedoch deutlich den Löwenanteil aus.

So ein langfristiges und kontinuierliches Durchhaltevermögen erwirbst du nur, wenn du dein großes Ziel immer vor Augen hast! Auch wenn sich die kleinen Etappenziele ändern können, bleibt das große Ziel stets das Gleiche.

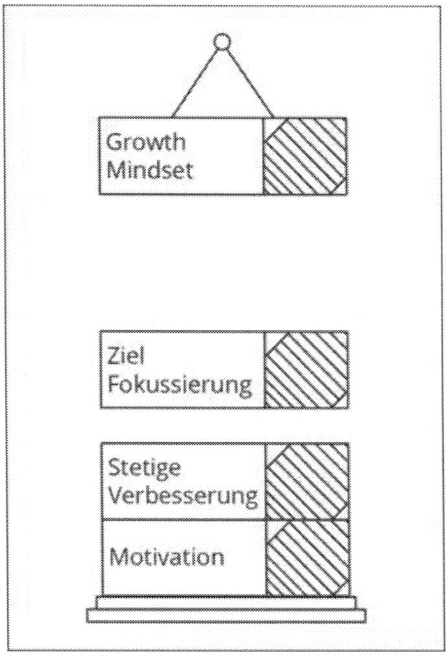

Grit besteht aus vier Bausteinen:

1. Ein Thema oder eine Sache, für die du dich begeisterst und eine Leidenschaft entwickeln kannst (**Motivation**).
2. Tägliches üben, **lernen** und verbessern.
3. Du hältst dir dein großes **Ziel** stets vor Augen, um den Biss beizubehalten.
4. Eine positive Einstellung (*Growth-Mindset*) bei Rückschlägen[3].

Der vierte Baustein ist der wichtigste, jedoch baut dieser unvermeidlich auf den anderen drei Bausteinen auf. Deshalb ist es superwichtig, den gesamten Komplex des Mindsets richtig zu verstehen und zu verinnerlichen. Wenn du das Nachfolgende verinnerlichst, hast du einen wichtigen Schritt hin zum Top-Studenten gemeistert.

[3] Prof. Angela Lee Duckworth, Grit: Why passion and resilience are the secret of success. Random House Children's Books, 2017.

Motivation

Damit du in deinem Studium erfolgreich bist, ist eine starke Motivation eine der wichtigsten Komponenten. Motivierte Studenten sind sowohl leistungsstärker als auch zufriedener mit ihrem Studium.[4]

Die Motivation ist wie einen Kreislauf: Je interessanter du ein Fach findest und somit motivierter bist, desto leichter fällt es dir zu lernen. Und je mehr du weißt, desto interessanter findest du das Fach wieder, was dich wiederum stärker motiviert.

Level 2:

Wofür interessierst du dich? Schreibe hier deine Interessengebiete und Hobbys auf. Selbst wenn du denkst, dass diese nicht relevant seien wie Gaming oder Fußball, schreibe sie auf, denn sie können goldwert sein! Und im Laufe der nächsten Seiten verstehst du auch, warum.

Die Motivation wird in zwei Arten unterteilt:[5] [1.] die Studienmotivation und [2.] die Lernmotivation.

Die Studienmotivation bezeichnet die Motivation, aus der heraus du dich für einen gewissen Studiengang entschieden hast und ist quasi das Fundament deines Studiums. Diese fußt vor allem in deinem Ziel, welches du durch dein Studium erreichen möchtest. Wie du dieses aufbauen und beibehalten kannst, thematisieren wir im nächsten Kapitel.

Hingegen ist die fächerbezogene Lernmotivation vergleichsweise nicht ganz so einfach zu erfassen, da sich diese auf jedes einzelne Modul bezieht und somit von Modul zu Modul unterschiedlich ist. Streng genommen kann sie sogar innerhalb eines Moduls zwischen den einzelnen Themen variieren, da du das eine Thema als interessant und aufregend und das andere als langweilig und anstrengend wahrnehmen kannst.

[4] Prof. Dr. Siegfried Stumpf, Prof. Dr. Gabriele Koeppe. *Wie wichtig ist Motivation im Studium?* Köln: TH Köln, April 2017.

[5] Taiga Brahm, Anja Gebhardt, *Motivation deutschsprachiger Studierender in der „Bologna-Ära"*. St. Gallen: Zeitschrift für Hochschulentwicklung, Juni 2011.

Noch eine wichtige Sache: Lass dich nicht unterkriegen, wenn jemand anderes besser ist als du! Du musst nur eine Person übertreffen, und zwar dich selbst! Vergleiche dich nicht mit anderen, sondern nur mit dir selbst, wie du gestern warst. Wenn du dann einen Fortschritt siehst, dann bist du auf einem sehr guten Weg. Folge diesem Weg mit Spaß und Freude, denn so wird er dir leichtfallen!

Merksatz: Freude kommt nicht vom Vergleich, sondern Freude kommt vom eigenen Fortschritt!

Wir Menschen definieren uns oft nicht nur durch den aktiven Vergleich mit anderen, sondern auch durch das, was wir passiv von anderen zu hören bekommen. Aber du musst dich selbst betrachten und dich selbst definieren. Ansonsten ist es so, als würdest du in einen zerbrochenen Spiegel schauen und versuchen, dich zurechtzumachen. Unterhalte dich deswegen auch nicht zu viel mit anderen Menschen über deine Ziele, weil sie dich in den meisten Fällen nur runterziehen werden. Und wenn du mal Gegenwind bekommst, dann mache dir Folgendes bewusst: *„Beeinflusst die Meinung des anderen in irgendeiner Weise die Realität, ob du dein Ziel erreichen wirst? Nein, tut es nicht!“* Deswegen mach was du willst und sei wer du willst – und nicht der, den andere in dir sehen wollen!

Zielsetzung

Kennst du das nicht auch, wie sich Freunde und Familienangehörige oft über ihre Arbeit oder ihr Studium beklagen? Weißt du, das geht den meisten Menschen in Deutschland und überhaupt in allen Industrieländern so. In der Mitte des Lebens fragen sich die Leute auf einmal, wieso sie das alles eigentlich all die Jahre so machen, und fangen an, an sich selbst zu zweifeln. Dieses Phänomen ist bekannt als *Midlifecrisis*. Die Ursache dafür ist, dass die allermeisten Menschen ohne ein klares und selbstbestimmtes Ziel einfach Arbeiten gehen. Sie gehen einer Tätigkeit nur nach, um Geld zu verdienen, ohne dabei zu wissen, weshalb sie ausgerechnet gerade diese und jene Tätigkeit machen.

Ist das eigentlich nicht extrem schade? Denn das menschliche Potenzial ist unglaublich! Wenn du dir mal anschaust, was die Menschen der früheren Hochkulturen in der Geschichte alles geleistet haben, obwohl ihnen nur einfachste Werkzeuge zur Verfügung standen, dann wirst du anfangen, dir die Frage zu stellen: „Was hat diese Völker so groß gemacht, obwohl sie im Vergleich zu heute ‚nichts' hatten?" Die Antwort auf diese Frage ist ganz einfach: „Es waren die Menschen selbst: Ihre Kraft, ihr Ideenreichtum und ihr eiserner Wille." Das menschliche Potenzial ist einfach unglaublich… DEIN POTENZIAL IST UNGLAUBLICH!!

Du kannst mit viel Fleiß alles erreichen! Es gibt die verrücktesten Ereignisse, die genau dieses zielstrebige Potenzial verdeutlichen. Eines davon ist das Folgende:

Ein Mathe-Student war mal wieder spät dran und hat den Anfang der Vorlesung verpasst. Der Dozent hatte bereits zwei Aufgaben an die Tafel geschrieben, die der Student natürlich ganz schnell abgeschrieben hat. Nach dem Uni-Tag zu Hause angekommen, setzte er sich an diese Aufgabe, da er der Auffassung war, er müsse sie als Hausaufgabe nachrechnen. Er grübelte und probierte alle möglichen Rechenwege aus, bis er am Ende tief in der Nacht eine Lösung hatte. Am nächsten Tag nahm er sie mit in die Vorlesung. Der Dozent empfing sie von ihm verwundert und nahm sie mit nach Hause, um sie zu überprüfen.

Ab dem nächsten Tag schauten den Studenten alle Dozenten, die ihn kannten, für einige Zeit komisch an, wenn sie auf dem Flur an ihm vorbeigingen. Dann, sechs Wochen später, rief ihn sein Dozent bezüglich der abgegebenen Aufgaben für ein Gespräch in sein Büro.

Dadurch, dass der Student zu spät gekommen ist, hatte er nicht mitbekommen, dass der Dozent erklärt hatte, dass diese beiden „Aufgaben" eigentlich unbewiesene Theorien im mathematischen Bereich der Statistik sind. Und der Student hat es als aller erster geschafft, sie zu belegen! Ist das nicht unglaublich? Der kleine Student erreicht Großes!

Diese äußerst eindrucksvolle Geschichte hat sich 1939 ereignet. Der Name dieses Studenten lautet George Dantzig, der während seiner Studienzeit in Berkeley genau das erlebt hat. Ist das nicht ein echter Motivator, um zu sagen: „Ich schaffe das! Ich kann das!"?

Das absolut Wichtigste, was du unbedingt vor Augen haben musst, ist ein Ziel, welches dich antreibt. Zusammen mit Interesse an der Thematik, bildet das Ziel, welches du mit deinem Studium verfolgst, den Kern deiner nötigen Motivation, um dein Studium mit Freude anzugehen und es letztlich dann auch mit Bravour zu absolvieren.

Ist es nicht beispielsweise ein erstrebenswertes Ziel, einen Mehrwert für einzelne Menschen, für bestimmte Personengruppen oder sogar für die gesamte Menschheit zu erzeugen? Beispielsweise könnte man das Ziel haben, Psychologe zu werden, um Menschen von ihren geistigen Leiden zu heilen und sie von einem beengten Leben zu befreien.

Das geläufigste Ziel besteht jedoch leider einfach darin, seinen materiellen Wünschen nachzukommen, sodass man – um beim Beispiel zu bleiben, – nur Psychologie zu studiert, um viel Geld zu verdienen.

Das beste Ziel jedoch ist eine Kombination dieser beiden. Du studierst einen Studiengang, um mit deinem anschließenden Beruf einen Mehrwert für die Menschheit zu erzielen und gleichzeitig dich selbst und deiner Familie einen guten Lebensstandard zu ermöglichen.

Nebenbei bemerkt: Der Begriff *Beruf* entspringt dem Wort *Berufung*. Dein *Beruf* sollte immer etwas sein, wozu du dich auch *berufen* fühlst! So, wie sich jener Freund dazu berufen fühlt, Arzt zu werden, solltest auch du dich zu der Arbeit berufen fühlen, die du anstrebst, und nicht einfach nur irgendeinen Job machen!

Viele Menschen erhalten erst durch harte Schicksalsschläge oder schwere Krankheiten einen Perspektivwechsel.

Aber warum müssen wir immer erst aus negativen Ereignissen lernen und nicht aus positiven? Warum nicht durch Freude, Ehrgeiz und Engagement? Wäre es nicht viel besser für dich, direkt das zu machen, was du willst und was dir Freude bereitet, und nicht erst negative Ereignisse wie auch die Midlifecrisis durchlaufen zu müssen?

Deswegen setze dir Ziele! Doch strebe dabei nicht einfach nur danach zu leben, sondern strebe danach, eine merklich positive und gewaltige Veränderung in der Welt zu bewirken! Am Ende landet jeder von uns unter der Erde und nimmt weder Besitz noch Freunde mit. Es kommt nicht darauf an, was du hast, **sondern es kommt darauf an, was du damit machst!**

Schwierigkeiten, die dir bei der Verwirklichung deiner Träume begegnen, sind die Zutaten, die deinen Erfolg erst möglich machen. Einfachheit ist ein unendlichmal schlechterer Einfluss auf Erfolg als Erschwernis.

Du kennst das doch auch: Wenn dir etwas leichtfällt, dann bemühst du dich nicht, sondern nimmst es einfach, wie es kommt. Erst wenn etwas schwierig ist, kniest du dich so richtig ins Zeug, gibst dein Bestes und erbringst eine wirklich außergewöhnliche Leistung.

Wir wollen keine Ziele, zu denen wir sagen: „Ja, ich schaffe das," sondern wir wollen Aufgaben, zu denen wir sagen: „Ich weiß nicht, wie ich das machen soll," denn nur durch solche Aufgaben wachsen wir und erreichen höhere Level. Wie willst du mehr erreichen, wenn du immer nur das machst, was du bereits kannst? Wie willst du dich verbessern, wenn du immer alles so machst, wie du es immer machst? Wir müssen Fehler machen und wir müssen uns Problemen stellen, denn nur so können wir besser werden!

Probleme zeigen dir, dass gewisse Abläufe noch nicht optimal laufen. Wenn dir ein Problem begegnet, dann arbeite an einer Lösung! Denn du kannst die Lösung finden, das Problem beseitigen und deine Angelegenheiten verbessern!

Wenn du scheiterst – und das tut jeder, – musst du wieder aufstehen! Wenn wir hinfallen und am Boden liegen bleiben, haben wir versagt! Doch wenn wir hinfallen, wieder aufstehen... hinfallen, wieder aufstehen... hinfallen, wieder aufstehen... dann sind wir erfolgreich! Fall siebenmal hin, aber steh achtmal wieder auf!

Eine weitere wichtige Sache beim Verfolgen deines großen Zieles ist es, dir auf deinem Weg viele kleine Etappenziele zu setzen, an denen du täglich arbeitest. Du sagst nicht: „Ich werde die größte, gewaltigste und gigantischste Mauer bauen, die die Menschheit je gesehen hat," sondern du sagst: „Ich werde jeden Tag einen kleinen Stein legen, und eines Tages wird mein Bollwerk dann vollendet sein." Und das machst du jeden Tag, wieder und wieder.

Level 3:

Wovon träumst du? Was ist dein Ziel? Verfolge deine Träume, denn dir sind keine Grenzen gesetzt! Denke dabei auch an deine Hobbys und Interessen aus *Level 2:*

Um dein großes Ziel zu erreichen, musst du auch deine Etappenziele vor Augen haben. Nutze diese Seite, um auch diese aufzuschreiben:

1. ______________________________

2. ______________________________

3. ______________________________

4. ______________________________

5. ______________________________

Wenn dir auf Anhieb kein Ziel mit den jeweiligen Etappenzielen in den Sinn kommt, empfehle ich dir, das Buch zur Seite zu legen und etwas zu machen, wobei du dich entspannst, und dir dabei Gedanken über deine Zielsetzung zu machen. Das kann beispielsweise ein Spaziergang oder ein warmes Bad sein.

Ansonsten kannst du dieses Level auch vorerst überspringen und dich selbst sowie deine Freizeitgestaltung für einige Zeit beobachten, dich mit Freunden und Familie beraten und zu einem späteren Zeitpunkt hierhin zurückkehren.

Selbst wenn du auch nicht nach kurzer Zeit auf dein Ziel stößt, dann ist das durchaus normal. Manche Menschen wissen einfach, dass Sie etwas Bestimmtes möchten wie z. B. jener Freund, der in der Hauptschule war und unbedingt Arzt werden wollte. Bei anderen wiederum braucht dieses Ziel eine lange Zeit, um sich herauszukristallisieren. Wichtig ist, dass du dich fortlaufend beobachtest und zumindest das Ziel, ein Ziel zu haben, nicht aus den Augen verlierst.

Wie sieht es bei dir aus: Ist dein Studienfach wirklich das, was dich deinen Zielen näher bringt? – dann ist das spitzenmäßig!

Sollte das aber nicht so sein oder solltest du noch gar nicht studieren und bist noch auf der Studienplatzsuche? Dann empfehle ich dir, zum zweiten Exkurs *„Die richtige Studiengangwahl“* zu springen, noch bevor du das eigentlich nächste Kapitel liest.

Wenn dein Ziel aber bereits mit deinem aktuellen Studium(swunsch) übereinstimmt, freue ich mich sehr für dich und du kannst diesen Exkurs getrost ignorieren.

Organisation und Selbstmanagement

Deine Zeit als Student ist ein ganz neues und besonderes Kapitel in deinem Leben, welches ganz eigene Heraus- und vor allem Anforderungen an dich stellt: Angefangen bei deiner ersten eigenen Wohnung, die sauber gehalten werden will, gelegentlich musst du deine Wäsche waschen, du hast Hunger und musst dir dein Essen selbst zubereiten und vieles mehr... Dabei haben wir noch gar nicht deine Aufgaben seitens der Hochschule berücksichtigt: Du musst Hausaufgaben machen, die Vorlesungen sowohl vor- als auch nachbereiten, Referate ausarbeiten, Projekte abgeben, Hausarbeiten verfassen und dich auf deine Klausuren vorbereiten.

Diese Auflistung an Aufgaben soll dich aber auf gar keinen Fall abschrecken! Sondern vielmehr wollen wir dir damit lediglich verdeutlichen, wie wichtig Planung und Organisation sind. Denn ohne die wirst du sehr viel mehr Stress und sehr viel weniger Erfolg und Zufriedenheit in deinem Studium haben. Aus diesem Grund gehen wir im Folgenden auf dieses überaus wichtige Thema tiefer ein.

Tagespläne und Listen

Listen mit den Aufgaben zu schreiben, die du an dem jeweiligen Tag durchführen musst, ist mit eine von den wichtigsten Sachen, um dein Studium Tag für Tag organisiert zu beschreiten.

Wir stellen dir nun einige Modelle vor, wie du deinen Tagesplan gestallten kannst. Es müssen dir nicht alle zusagen! Von diesen kannst du dir ein oder vielleicht auch ein paar Modelle rauspicken, sie ausprobieren und wenn dir eins zusagt, es in deinen Alltag integrieren.

Ein Terminkalender

Das simpelste und gleichzeitig wichtigste Hilfsmittel für deine Organisation und Planung ist ein Kalender, in den du alle Termine und *Fristen* einträgst. Dieser kann ein klassischer Kalender aus Papier sein, aber natürlich auch eine digitale Kalender-App. Im Regelfall haben die meisten Smartphones ohnehin eine Kalender-App bereits vorinstalliert. Wähle einfach die Variante, die deinen persönlichen Geschmack am besten trifft.

Versuche dir anzugewöhnen, jeden Termin und jede Frist einzutragen. Am besten sogar mit unterschiedlichen Farben: Beispielsweise könntest du Rot für Arzttermine verwenden, Blau für Termine und Fristen bezüglich deiner

Hochschule und Grün für Ereignisse, Verabredungen und Vorhaben aus deinem Privatleben.

Auf diese Weise bist du organisierter und hast einen sehr guten Überblick über alles, was ansteht. So kannst du abschätzen, in welcher Woche du beispielsweise viele Abgaben von Hausarbeiten hast, für die du vorarbeiten kannst, oder wann sich deine Klausuren bündeln, sodass du dein Lernprogramm dementsprechend erstellen kannst. Vor allem hilft dir das, die richtige Balance zwischen Studium, Verpflichtungen und Freizeit zu finden.

Merke:

Ein einfacher Terminkalender ist mindestens schon die halbe Organisation deines Studiums sowie deines Privatlebens!

Das Eisenhower-Prinzip

Dieses Modell stellt deine *To-Do-List* in Form von einer Tabelle dar. Diese Technik eignet sich insbesondere, wenn du dich von der Flut von Aufgaben „erschlagen“ fühlst und du gar nicht weißt, wo du beginnen sollst. Es hilft dir, deine Aufgaben richtig zu priorisieren. Auf der einen Achse steht die Wichtigkeit und auf der anderen die Dringlichkeit. Dabei wird zwischen wichtig und unwichtig sowie zwischen dringend und nicht dringend unterschieden. Auf diese Weise entstehen vier Felder, in die du all deine Aufgaben einsortierst.

		Dringlichkeit	
		dringend	nicht dringend
Wichtigkeit	wichtig	A	B
	nicht wichtig	C	D

In der Ratgeberliteratur wird dieses Modell sehr oft für Unternehmen vorgestellt, wo dann auch explizit gesagt wird, dass die Aufgaben in Feld C an kompetente Mitarbeiter weitergegeben und Aufgaben in Feld D sogar verworfen werden sollen.

Als Student macht das natürlich nicht viel Sinn, weshalb ich dir – extra zugeschnitten auf dich – erkläre, wie du diese Liste sowohl für deinen häuslichen als auch für deinen hochschulischen Alltag am besten einsetzen kannst.

Wir empfehlen dir, diese Liste auf eine White-Board-Tafel zu schreiben, da du auf diese Weise Aufgaben ohne Probleme wegwischen oder hinzufügen kannst. Eine elektronische Version hätte natürlich den gleichen Effekt.

Zuallererst nimmst du dir zwei Stifte mit unterschiedlichen Farben. Mit der einen Farbe schreibst du alle hochschulischen Aufgaben auf und mit der anderen alle Aufgaben in Bezug auf deinen Haushalt. Einmal aufgeschrieben, arbeitest du deine Aufgaben entsprechend der folgenden Erklärung ab und aktualisierst deine Tabelle, sobald neue Aufgaben dazukommen.

Die Felder helfen dir dabei, deine Aufgaben in der Reihenfolge abzuarbeiten, die am effektivsten ist:

A. Die Aufgaben, die in diesem Feld stehen, haben die oberste Priorität und sind die Ersten, denen du dich zuwendest. Wenn du alle Aufgaben in Feld A abgeschlossen hast, hast du das wichtigste für den jeweiligen Tag schon mal erledigt.

B. Die Aufgaben dieses Feldes kannst du unter Umständen verschieben, sollten jedoch nach Möglichkeit schon angegangen werden. Sie sind wichtig, müssen aber nicht sofort erledigt werden. Sobald du deine B-Aufgaben abgeschlossen hast, hast du wieder dein Soll für diesen Tag erfüllt und kannst dich entspannt zurücklehnen. Wenn du noch Kraft und Zeit hast, dann erledige unbedingt noch C), denn wie Großmutter schon sagte: „Was du heute kannst besorgen, das verschiebe nicht auf morgen!"

C. Sollten A) und B) dich so eingenommen haben, dass dein Zeitrahmen schon ausgefüllt ist, dann verschiebe diese Aufgaben gerne auf den nächsten Tag. Doch passe auf. Möglicherweise sind diese Aufgaben jetzt schon zu A) oder B) Aufgaben geworden. Denn aus nur „dringend" kann schnell „wichtig und dringend" werden, wenn ansonsten ein Schaden entsteht oder eine Chance verpasst wird.

D. Die D-Aufgaben werden in der Ratgeberliteratur sehr gerne in den Mülleimer geworfen. Wenn es sich aber beispielsweise um einen Brief an deine Großmutter handelt, wäre es sehr schade, wenn du diese schöne Geste im Mülleimer vergessen würdest. Nutze beispielsweise einen freien

Tag am Wochenende oder wenn es sein muss, einen freien Tag erst in den Ferien, den du noch nicht mit Aktivitäten oder Tätigkeiten verplant hast, an dem du diesen Aufgaben einmalig und gebündelt nachkommst und diese abarbeitest.

Auf diese Weise hast du eine Struktur in deine Aufgaben reingebracht, alles fristgerecht eingereicht und dich auch nicht verrückt gemacht, wenn sich die Aufgaben mal gehäuft haben.

Pomodoro-Technik

Dieses Modell des Zeitmanagements findet seinen Namensgeber in einem Eierwecker, der so aussieht wie eine Tomate: Tomate heißt nämlich auf Italienisch „Pomodoro". Dieser Eierwecker wurde vom Entwickler dieser Technik verwendet, um sie selbst anzuwenden und zu verfeinern. Die Pomodoro Technik betont sehr stark die Wichtigkeit von Pausen, denn diese werden nach einer relativ kurzen Arbeitsdauer regelmäßig eingelegt. Im Detail sieht diese Methode folgendermaßen aus:

1. Wähle EINE Aufgabe aus, die du erledigen möchtest
2. Notiere dir KURZ die Arbeitsschritte, die zur Erfüllung dieser Aufgabe notwendig sind
3. Stell dir einen Wecker auf 25 Minuten und beginne mit den Arbeitsschritten
4. Hake deine erledigten Arbeitsschritte ab, sobald der Wecker klingelt
5. Lege jetzt eine Pause von 5 Minuten ein

Diese 5 Schritte wurden als Einheit vom Entwickler als „Pomodoro" bezeichnet.

1. Wiederhole diese Pomodoro viermal, und lege danach eine etwas größere Pause von 30 Minuten ein.

Auf diese Weise bleibst du konstant konzentrations- und strapazierfähig, wodurch du eine ganze Reihe an Aufgaben an einem Tag abarbeiten kannst, ohne großartig Energie einzubüßen.

Unabhängig davon, wie du diese Technik findest, merke dir: *Regelmäßige Pausen steigern deine Tagesleistung, während blindes Durcharbeiten die Qualität deiner Leistung verschlechtert!*

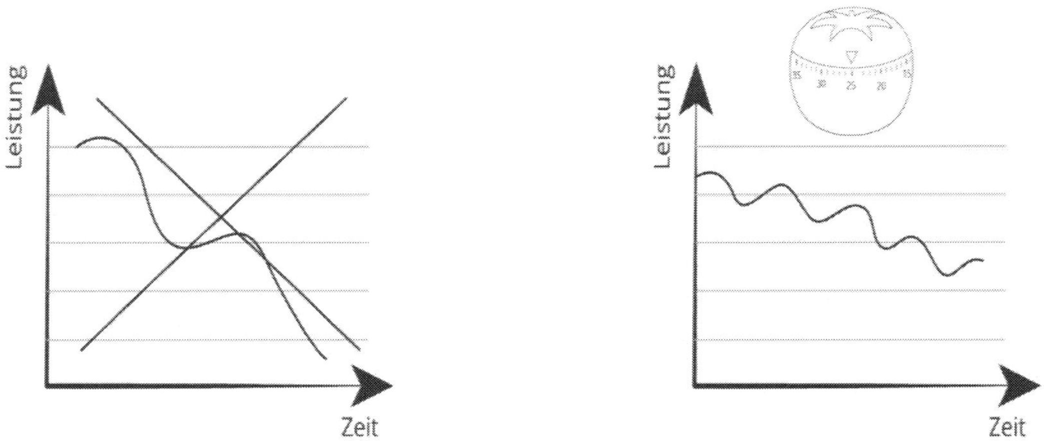

Diese Abbildung verdeutlicht, dass du über einen längeren Zeitraum hinweg leistungsfähiger bleibst, wenn du bereits vor der finalen Erschöpfung eine oder mehrere Pausen einlegst. Auf diese Weise kannst du dank der regelmäßigen Pausen quasi den ganzen Tag lernen. Beobachte dich selbst und versuche, dich zu einer Pause zu zwingen, bevor du dich wirklich erschöpft fühlst. Dann kannst du gleich nach der Pause in diesem Zustand und wieder fast auf dem gleichen Level weiterarbeiten wie zu Beginn deines Lerntages.

Pareto-Prinzip

Dieses Organisationsmodell wurde nach seinem Erfinder Vilfredo Pareto benannt. Er erklärt, dass die wichtigen 80 % der Aufgaben mit 20 % Arbeitsaufwand erfüllt werden können und dass die restlichen unwichtigen 20 % der Aufgaben 80 % des Arbeitsaufwandes benötigen würden, weshalb du diese nicht nur einfach getrost bei Seite lassen kannst, sondern sogar solltest.

Um diese Rechnung besser zu verstehen: 100 % des Arbeitsaufwandes sind nötig, um 100 % der Aufgabe zu erfüllen.

Der prinzipiell einzige Schritt dieser Vorgehensweise besteht darin, dass du für die anfallende Arbeit eine Prioritätenliste deiner Aufgaben erstellst, von der du dich um die wichtigen 80 % kümmerst. In die restlichen 20 % investierst du keinerlei Aufwand.

Um ein einfaches Beispiel anzuführen:

Du musst ein Plakat für eine Gruppenarbeit in der Uni vorbereiten und hast nur ein paar Tage dafür Zeit. Anstelle einfach anzufangen, Informationen über Informationen wild durcheinander gewürfelt rauszusuchen und im Anschluss zu versuchen, irgendeine Struktur reinzubringen, betrachtest du erst mal das Thema. Welche Teilbereiche sind wichtig für das Gesamtverständnis?

Nachdem du diese Fragen beantwortet hast, setzt du dich an genau diese Dinge: Du suchst die Kernthemen raus und lässt Details einfach vollständig weg. Und was das Plakat angeht, so setzt du zwar Überschriften und Unterpunkte, aber spezielle gestalterische Mittel und Bilder, die nichts Essenzielles zum Verständnis beitragen, lässt du ebenso einfach weg.

Durch diese Vorgehensweise hast du die wichtigen 80 % deiner Aufgabe erfüllt und dabei nur 20 % des Arbeitsaufwandes investiert sowie ein ordentliches Ergebnis abgeliefert. Auf diese Weise wirst du vielleicht nicht jedes Mal die allerbeste Note erzielen, jedoch kannst du äußerst zeiteffektiv zu guten Resultaten kommen. Diese Methode ist insbesondere für Studenten mit Zeitmangel goldwert! Wenn du anschließend noch Kapazitäten hast, das Ergebnis zu perfektionieren, kannst du das natürlich immer noch tun.

GTD-Methode

Die „**G**etting-**T**hings-**D**one-Methode" wurde von David Allen entwickelt, um Aufgaben so effektiv und gleichzeitig stressfrei wie möglich abzuschließen. Das wichtigste Augenmerk dieser Methode ist, dass du alle Aufgaben und Tätigkeiten geordnet an einem einzigen Ort gebündelt festhältst.

Die einzelnen Schritte dieser Methode sind die folgenden:

1. **Sammeln**: Sammle alle Aufgaben, die du erledigen musst an einem Ort. Dafür bietet es sich an, Briefablagen auf deinem Schreibtisch zu positionieren. In das oberste Fach legst du alle gesammelten Aufgaben unsortiert hinein.

2. **Verarbeiten**: Bei der Verarbeitung handelst du zwei Fragestellungen nacheinander ab.

    - Gibt es mehr als eine Aktion?
      Wenn ja: Du fügst deine Aufgabe als Projekt in deine Projektliste ein.

      - Projektliste: Deine Projekte teilst du immer in kleinere Zwischenschritte auf. Diese Zwischenschritte vermerkst du als

„nächste Aktion“ in deiner *Aktionsliste* und/oder notierst ein Datum, bis wann dieses Projekt fertig sein soll, in deinem *Kalender*.

Wenn nein: nächste Frage:

- Kann die Aufgabe innerhalb von 2 Minuten erledigt werden?
  Wenn ja: Erledige die Aufgabe umgehend.
  Wenn nein: Gehe weiter zu Punkt 3.)

3. **Organisieren**: Beim Organisieren geht es um die detailliertere Sortierung deiner Aufgaben.

   Füge die Aufgabe in eine der folgenden drei *Listen* – neben der *Projektliste!* – ein. Auch an dieser Stelle bietet es sich an, dass du hierfür ebenso Briefablagen verwendest, da sie sich sehr gut stapeln lassen und du so all deine Listen sortiert an einem Ort liegen hast.

- Aktionslisten: Du führst nicht nur eine einzige Aktionsliste, sondern gleich mehrere, die du thematisch sortierst. Beispielsweise gibst du ihnen die Überschriften *Haushalt, Hochschule, Papierkram.*

  In diese Listen schreibst du deine Aufgaben so rein, dass du sofort weißt, was zu machen ist. So schreibe beispielsweise nicht in die Liste *Haushalt* einfach „Wohnung aufräumen“ rein, sondern formuliere die Aufgaben so präzise, dass du sofort weißt, worum es geht. Um beim Beispiel zu bleiben, wären konkrete Aufgaben „Spülmaschine leerräumen“ oder „Boden wischen“.

- Kalender: In deinen Kalender trägst du deine Fristen und Termine ein. Am besten auf die Art und Weise wie wir es dir vor wenigen Seiten erklärt haben.

4. **Durchsehen**: Nach David Allen ist es wichtig, dass du deine Aufgaben täglich sichtest und auf Aktualität überprüfst. Einmal pro Woche steht ein *Wochenrückblick* an, wo du die in deinen Aufgabenlisten und Terminkalender abgeschlossenen Aufgaben und Termine Revue passieren lässt.

5. **Erledigen**: An diesem Punkt führst du zwei Schritte aus: Im ersten Durchgang setzt du dir Prioritäten, welche Aufgaben du zuerst abarbeiten musst. Daraufhin führst du in Anbetracht der Zeit, die dir zur Verfügung steht, deine Arbeiten entsprechend deiner Priorisierung durch.

Alpen-Methode

Die Alpen-Methode wurde von Lothar J. Seibert erfunden und hat nichts mit den Alpen im Sinne des Gebirges zu tun, sondern vielmehr setzt sich „Alpen“ aus den Anfangsbuchstaben der einzelnen Arbeitsschritte zusammen:

1. **A**ufgaben definieren: Du erstellst eine herkömmliche T*o-Do-List* für den nächsten Tag – ohne Rücksicht auf die Wichtigkeit deiner Aufgaben.
2. **L**änge (der Aufgaben) abschätzen: Hier ist es wichtig, dass du die Dauer, die die Bearbeitung einer Aufgabe in Anspruch nehmen wird, möglichst realistisch einschätzt.
3. **P**ufferzeiten einplanen: Keine Planung ist perfekt! Es passiert nicht selten, dass dir irgendetwas dazwischenkommt. Deswegen plane auch genügend Zeit als Puffer ein, in die du deine Aufgaben in die Länge hineinziehen könntest.
4. **E**ntscheidungen treffen: Jetzt geht es darum, dass du deine Aufgaben entsprechend ihrer Wichtigkeit in eine Reihenfolge bringst. Für die Schwerpunktsetzung kannst du jetzt beispielsweise das *Eisenhower-Prinzip* anwenden.
5. **N**achkontrolle: Zum Abschluss kontrollierst du deine Aufgabenliste und schaust, was du alles geschafft hast. Du gehst deine Planung noch einmal durch und überprüfst, ob dir deine zeitlichen Einschätzungen gelungen sind und wenn nein, wie du diese für den nächsten Plan besser machen kannst.

Auf diese Weise lernst du, deine Zeit gut und realistisch einzuteilen und kannst auf diese Weise auf die Dauer genug Zeit für alles finden, ohne böse Überraschungen zu erleben. Diese Methode eignet sich besonders gut für die Lernperioden in den Klausurphasen.

Abschluss des Kapitels Organisation

Wir hoffen sehr, dass diese Vorstellung einiger Organisationstechniken für dich hilfreich sein konnte. Und ebenso hoffen wir, dass dir die ein oder andere Methode bereits zugesagt hat, sodass du sie bei der Bearbeitung deiner Aufgaben direkt anwenden kannst.

Wichtig ist auf jeden Fall, dass du deine Aufgaben strukturierst und nicht einfach planlos in den Tag hineinlebst. Auf diese Weise schaffst du nicht nur mehr, sondern bist aufgrund deiner vielen kleinen alltäglichen Erfolge grundsätzlich viel motivierter und somit auch in deinem Studium leistungsstärker.

Ein paar dieser Organisationstechniken lassen sich nebenbei bemerkt auch hervorragend als Lerntechniken nutzen. Diesen – und allgemein dem Lernen überhaupt – werden wir uns noch im zweiten Teil dieses Buches zuwenden.

Die optimale Freizeitgestaltung

Das Leben eines jeden Menschen teilt sich grundsätzlich auf in Arbeits- und Freizeit. In deinem Falle als Student ist deine Arbeitszeit verständlicher Weise hauptsächlich die Zeit, die du für dein Studium in der Hochschule oder der Bibliothek verbringst und, falls du einen Nebenjob hast, auch die Zeit, die du für diesen aufbringst.

Um in der Balance zu bleiben, ist es sehr wichtig, dass du dir in deiner Freizeit einen Ausgleich schaffst. Nimm dir Zeit, um regelmäßig Stress abzubauen und zur Ruhe zu kommen. Dabei ist es wichtig, dass du nicht einfach irgendetwas machst, sondern das, was für dich und deine Zukunft nachhaltig am besten ist.

In diesem Kapitel wollen wir dir zeigen, wie du deine Freizeit optimal gestalten kannst, um sowohl deine Gesundheit als auch deine Persönlichkeit und dein Allgemeinwissen zu stärken. Dieses fördert dich als Mensch und gibt dir Qualitäten, die du später auf dem Arbeitsmarkt und besonders in Führungspositionen benötigen wirst.

Studium als Hobby

Grundsätzlich sollte der Fachbereich, den du studierst, etwas sein, was dich interessiert und wofür du dich begeisterst. Wenn dein Studium für dich eher ein Hobby als eine lästige Beschäftigung ist, die du einfach machen musst, um später Geld zu verdienen, dann wirst du merken, dass nach einem langen und anstrengenden Hochschultag dein Wohlbefinden sehr viel größer ist, als wenn dem nicht so wäre. Dieses ist natürlich sehr stark mit den beiden vorangegangenen Kapiteln *Motivation* und *Zielsetzung* verknüpft.

Wir empfehlen dir, dich mit deinem Studienfach auch in deiner Nicht-Lernzeit zu beschäftigen. Damit meinen wir nicht, dass, wenn du beispielsweise Bauingenieurwesen studierst, Aufgaben über Statik in deiner Freizeit lösen sollst, sondern dass du dir beispielsweise Dokumentationen über die größten Gebäude der Welt oder die katastrophalsten Konstruktionsfehler anschaust. Es gibt oftmals neben Dokus auch viele interessante Bücher über das Fach, das du studierst, deren Inhalte nicht allzu wissenschaftlich und dennoch sehr wissenswert sind. Oftmals lässt sich das gar nicht vermeiden und automatisch schaust du besonders hin, wenn du in seinem Alltag mit deinem Fachgebiet konfrontiert wirst. Das ist hervorragend und wird deinen Kompetenzen in deinem Fachgebiet sehr guttun!

Infotainment anstelle von Entertainment

Damit geht auch ein allgemein sehr wichtiger Ratschlag von uns in puncto Freizeit einher: Versuche, das Entertainment in deinem Leben durch Infotainment zu ersetzen, selbst wenn es absolut gar nichts mit deinem Studiengang zu tun hat! Ersetze die Unterhaltung, die dir lediglich einen temporären Mehrwert gibt, durch nachhaltig nützliches Wissen.

Unser Gehirn kann wie ein Muskel verstanden werden, der trainierbar ist. Wir brauchen nicht zu glauben, dass unser Gehirn irgendwann voll wäre, sondern es kann eine unglaublich große Menge an Wissen und Informationen abspeichern, deren Obergrenze nicht messbar ist.

Je mehr du dich mit Wissen befasst, desto einfacher kann dein Gehirn lernen und gewöhnt sich an die Aufnahme neuer Informationen. Diese Tatsache wird dir auch in der Anwendung der Lerntechniken helfen, da sich unser Gehirn besser neue Informationen einprägen kann, wenn bereits Anschlusswissen vorhanden ist, bei dem es neue Informationen anknüpfen kann. Aber mehr dazu später…

Als gebildeter und studierter Mensch ist es wichtig, dass dein Gehirn immer in Bewegung ist und du ein breites Allgemeinwissen erwirbst. Dieses stärkt deine Persönlichkeit, erhöht deine Chancen auf dem Arbeitsmarkt und bringt die Menschen dazu, dich zu respektieren und dir zuzuhören, wenn du redest, weil sie deine Aussagen als interessant und fundiert wahrnehmen. Außerdem weißt du nie, wo eine Information aus einem eigentlich fremden Fachgebiet dir irgendwann im Berufsleben oder in deiner Fachrichtung von Nutzen sein kann. Je breiter dein Horizont ist, desto einfacher fällt es dir, später auch für neue Probleme eine Lösung zu finden, indem du schneller die Muster der Thematik erkennst und in deinem Wissen und aus deiner Erfahrung eine Lösung hervorholen kannst. Dies ist übrigens auch der Hauptgrund, weshalb den Unternehmen die Berufserfahrung so wichtig ist. Mit einem soliden Allgemeinwissen und möglichst breiten Lebenserfahrung, kannst du in diesem Punkt einiges wettmachen.

Hierfür können wir dir nur empfehlen, dich mit allem zu befassen, was interessant klingt. Auch wenn du Betriebswirtschaftslehre studierst, befasse dich beispielsweise mit der Tiefsee. Auch wenn du ein Ingenieursfach belegt hast, erweitere dein Wissen auch beispielsweise im Bereich Geschichte. Je breiter dein Allgemeinwissen, desto besser!

Wir empfehlen besonders Dokumentationen. Das liegt zum einen daran, dass sie den visuellen und auditiven Lerntypen auf einmal abdecken – Näheres zu den *Lerntypen* bei den *Lerntechniken*, – aber zum anderen auch, weil sie sowohl im Internet als auch im Fernsehen sehr leicht zugänglich sind.

Wenn dir bereits ein reizvolles Thema einfällt, dann schau doch einfach mal heute Abend auf einer Video-Plattform nach, ob du dazu eine sehenswerte Doku findest. Und falls nicht, schau einfach mal bei den bekannten Dokumentar- und Nachrichtensendern im Fernsehen oder im Online-Stream vorbei. Da wird bestimmt etwas Interessantes für dich dabei sein.

Darüber hinaus gibt es an vielen Hochschulen Veranstaltungen, bei denen eine genau solche allgemeine Wissensvermittlung gefördert wird. Im Regelfall werden diese unter dem Begriff S*tudium Generale* angeboten. Bestimmt hat auch deine Hochschule ein solches Angebot!

Google-it:

Schau dir das *Studium Generale* doch mal etwas genauer an:[6]

Wenn du mehr Zeit für Allgemeinbildung in Form von Infotainment investieren möchtest, muss an anderer Stelle das Entertainment weichen. Aber ich versichere dir, Wissen kann mindestens genauso aufregend und ansprechend sein, wie beispielsweise ein Fußballspiel im Fernsehen oder an der Konsole!

Das Problem an herkömmlichen Filmen, Computerspielen und Spielkonsolen ist, dass sie dir nicht nur deine Zeit rauben, sondern obendrein auch deine

[6] https://www.studium-ratgeber.de/studium/studium-zielgruppen/studium-generale/

Gedanken und Emotionen. Du kennst bestimmt folgendes Szenario: Du sitzt vor der Flimmerkiste und denkst dir: „Nur noch eine Serie, nur noch 20 Minuten," und am Ende ist der ganze Abend vorbei und du hast nichts Produktives getan.

Und anstatt, dass du deinen Verstand mit nützlichem Wissen beschäftigst, denkst du beispielsweise in der Vorlesung über den letzten Filmabend oder über eine ausgefeilte Strategie im Multiplayer oder den weiteren möglichen Handlungsverlauf der Kampagne nach.

Genau diesen Aspekt hatte schon vor vielen Jahren ein Freund in der 10. Klasse aufgegriffen. Er hat gesagt, dass er das Zocken an den Nagel gehangen hat, weil er davon keinen Nutzen habe und er verbringe seine Zeit lieber mit „echten Menschen" und Dingen, die ihm nützen. So hat er sich den Handel mit Aktien über seinen Vater zum Hobby gemacht und damit sein Taschengeld sehr gut aufgebessert.

Aber er musste sich erst mal mit Aktien beschäftigen und lernen, wie er mit ihnen handeln und wie er profitable von nicht-profitablen Aktien unterscheiden kann. Außerdem hat diese Entscheidung seine Persönlichkeit enorm gestärkt und ihn gegenüber uns anderen in seinem Alter hervorgehoben.

Dieses ist nur eines von vielen Beispielen, wie sich das Beschäftigen mit Wissen sowohl auf die Persönlichkeit als auch direkt oder indirekt auf den Geldbeutel auswirken kann. Es lohnt sich also sehr, den „nutzlosen Kram" zur Seite zu legen und sich stattdessen mit wissenswerten und nützlichen Themen zu befassen.

Freund- und Bekanntschaften

Die Wahl deiner Freunde ist auf deinem gesamten Lebensweg – sogar ganz unabhängig von deinem Studium – eine der wichtigsten Entscheidungen, die du triffst.

Bestimmt hast du bereits im Laufe deines Lebens Freundschaften geknüpft, die heute nicht mehr bestehen. Das ist ganz normal und kann die unterschiedlichsten Ursachen haben – von sehr schmerzhaften Erfahrungen bis hin zu vergleichsweise harmlosen Gründen wie einem Umzug in eine andere Stadt oder Ähnlichem.

Nun ist es aber wichtig, dass du anhand bestimmter Kriterien ganz bewusst auswählst, mit wem du in Zukunft mehr und mit wem du weniger Zeit verbringen möchtest. Das ist sehr wichtig, weil dich deine freundschaftliche Umgebung zum einen sehr stark prägt – sowohl deine Persönlichkeit als auch deinen Charakter und deine Interessen – und zum anderen auch allgemein sehr viel Zeit von dir in Anspruch nimmt.

Du hast bestimmt schon mal bemerkt, dass, wenn du viel Zeit mit einer Person verbringst, du ihre Charaktereigenschaften übernimmst. Und genauso ist dir sicherlich schon das ein oder andere Mal passiert, dass du mit einer Gruppe von Freunden, Bekannten oder Kollegen etwas unternommen hattest, worauf du eigentlich gar keine Lust hattest, sondern das nur gemacht hast, weil es alle gemacht haben.

Manchmal kommt man in eine Gruppe von Menschen rein und verbringt seine Zeit einfach mit allen, aber wirklich befreundet ist man oftmals nur mit wenigen davon. Es ist sehr naheliegend, dass man höchstens eine Handvoll wirklicher Freunde hat.

Du kennst das bestimmt: Du verbringst deine Zeit immer mit den gleichen Personen, weil du sie einmal gefragt hast, wo der Raum für die Vorlesung ist, und schon hast du einen Punkt, an dem du eine Beziehung anknüpfen kannst und seitdem bist du fast schon automatisch immer mit ihnen zusammen.

Das ist anfangs ja auch ganz angenehm: Du kennst zu Beginn deines Studiums noch niemanden, alles ist neu, alles ist fremd und alles, was halbwegs bekannt ist, ist willkommen. Schön und gut, aber was hast du davon, abgesehen von einem angenehmen Gefühl der Sicherheit? Nicht sonderlich viel, oder? Deswegen rate ich dir, auszusondern, welche Freund- oder Bekanntschaft nützt dir etwas und welche nicht.

Level 4

Nimm dir einen Zettel und verteil einfach mal Punkte für deine Freund- oder Bekanntschaften auf einer Skala von 1 bis 5 als Bewertungen für die folgenden Kriterien:

1) Hilft dir diese Freund- oder Bekanntschaft, wenn du sie wirklich brauchst?

   (Wahre Freundschaften beweisen sich oftmals erst in Notlagen, dann wenn du wirklich auf sie bauen musst. Kannst du deinem Freund vertrauen und auf ihn in jeder Lage zählen?)

2) Hilft sie dir, Stress abzubauen?

(Hilft dir dein Freund dabei, deine Probleme zu lösen und einen klaren Kopf zu kriegen? Ist er dir ein guter Berater und greift dir unter die Arme?)

3) Hat sie positive Auswirkungen auf deinen Charakter?

(Wenn du viel Zeit mit deinem Freund verbringst, sind seine Einflüsse auf dich dann eher von positiver oder negativer Natur? Bist du nach den Treffen mit ihm eher aggressiv oder entspannt, eher fleißig oder faul? Dieses sind nur wenige von vielen möglichen Beispielen.)

4) Fördert sie dein Wissen?

(Verbringst du deine Zeit mit deinem Freund im gemeinsamen Lernen oder interessanten Unterhaltungen? Oder redet ihr eher über unwichtige und unnütze Dinge und schlagt nur eure Zeit tot?)

5) Unterstützt sie dich dabei, gesund und vital zu bleiben?

(Treibt ihr Sport zusammen oder bereitet gesunde Mahlzeiten zu?)

Wenn du nun feststellst, dass eine Freund- oder Bekanntschaft sehr gut abschneidet, dann pflege sie und halte sie aufrecht. Es reicht aber prinzipiell schon aus, wenn nur ein einziger Punkt erfüllt sein sollte, sodass du genau an dieser Stelle ansetzen kannst. Über diesen einen Punkt hinaus sollte die Bekanntschaft dann aber besser nicht reichen. Sollte der schlimmste Fall vorliegen und kein einziger Punkt fällt positiv aus, dann lasse deine Freund- beziehungsweise Bekanntschaft ruhig einfach im Sande verlaufen...

Das „Studenten-Leben"

Welches Bild hast du im Kopf, wenn du das Wort „Student" hörst? Manch einer mag direkt an das typische Klischee denken:

Wir möchten dir aber davon abraten, mit deinem Studium das Ziel zu verfolgen, ein genau solches klischeehaftes „Studenten-Leben“ zu führen. Ich weiß, dass viele zumindest einen Hauch dieses besonderen Lifestyles in ihrem eigenen Leben lieben und ausgiebig genießen, aber mal Hand aufs Herz: Was hast du davon, wenn du dich Freitag-Abend betrinkst, die halbe Nacht vergessen hast, den ganzen Samstag mit einem Kater im Bett liegst und am Sonntag immer noch nichts auf die Kette bekommst? Mal abgesehen von den gesundheitlichen Folgen, ist das doch einfach nur verschwendete Zeit, die du besser nutzen könntest, oder sehe ich das falsch?

Auch wenn das von mir beschriebene Szenario nicht unbedingt jedes Wochenende stattfindet, ist die Moral der Geschichte, dass das, was wir als klischeehaftes Studentenleben verstehen, und auch von den Studenten, die ihr Leben genauso leben, dargestellt wird, nichts mit einem motivierten und erfolgreichen Studenten zu tun hat.

Eine Professorin formulierte es sogar noch härter. Sie sagte, dass es Unrecht ist, wenn man die allgemeine staatliche Finanzierung der Universitäten und auch die individuellen Förderungen (BAföG) in Anspruch nimmt, um einfach nur Feiern zu gehen. Diese finanziellen Mittel wurden vom Staat in die Hand genommen, um die Bildung zu fördern und nicht, um die Diskothekenwirtschaft anzukurbeln.

Das sind sehr harte Worte, die auch einem engagierten Studenten den Wind aus den Segeln nehmen können. Aber lass dich davon nicht aus der Bahn werfen! Es geht einfach nur darum, dass du verstehst, dass das klischeehafte Studentenleben mehr Schein als Sein ist und nichts Schönes oder nur ansatzweise Vorteilhaftes bringt.

Dein Studium soll dich interessieren und es soll dir Freude bereiten, dich damit auseinanderzusetzen – da raubt dir der Partylifestyle nur Zeit, Geld und Energie. Wenn du dein Ziel einmal klar vor deinen Augen hast, wirst du es motiviert mit Elan und Engagement verfolgen, deine wertvolle Zeit nutzen und dich auch nicht allzu schnell davon ablenken lassen.

Stressabbau im Studium

Mit dem Thema *„Studenten-Leben“* geht auch das Thema *Stressbewältigung* einher. Wie bist du bisher mit deinem Stress umgegangen? Hast du mit deinem besten Freund über deine Probleme gesprochen oder Sport gemacht? Beides sind sehr gute Methoden, um Stress abzubauen, jedoch wird der Stress bei manchen Studenten so groß, dass sie zu weniger guten Mitteln greifen. In diesem Kapitel beschäftigen wir uns mit dem Thema Stress, was dabei überhaupt im Körper passiert und wie du ihm am besten entgegenwirken kannst.

Bist du einer Belastungssituation ausgesetzt, sei sie physischer oder psychischer Natur, setzt die Nebennierenrinde die Stresshormone *Adrenalin, Noradrenalin* und *Cortisol* frei. Diese Hormone führen zu einer höheren Leistungsfähigkeit des Körpers, indem sie den Blutzuckerspiegel sowie den Blutdruck erhöhen. Dieser Stress ist sogar gut, da er deine körperlichen Fähigkeiten verbessert und dich somit leistungsstärker macht.

Ist dein Körper jedoch permanent in einem solchen Zustand, hat das sowohl auf deine physische als auch auf deine psychische Gesundheit negative Auswirkungen. So führt Dauerstress oftmals zu Hormon-, Schlaf- und Stoffwechselstörungen, Depressionen oder Burnout und erhöht ebenso das Risiko, Herzinfarkte, Schlaganfälle und viele weitere Herzkreislaufkrankheiten zu bekommen.

Um deinen Körper aus diesem Stresszustand herunterzufahren, geht es hauptsächlich darum, den Spiegel der genannten Stresshormone abzusenken. Und jetzt kommt die Frage ins Spiel, auf welche Art und Weise du das machst.

Eine von den definitiv besten Möglichkeiten, um Stress abzubauen, ist Sport zu treiben. Grundsätzlich ist es dabei nicht entscheidend, was du für einen Sport durchführst. Egal, ob Ausdauer- oder Kraftsport: Durch beide Sporttypen baust du prinzipiell Stress ab. Einige Experten empfehlen jedoch eher Ausdauersport. Durch den Sport gelangt dein Kreislauf auf Hochtouren, mehr Sauerstoff gelangt in deine Körperzellen und der Pegel deines Blutzuckers und deiner Blutfette sinkt und gleichzeitig steigt die Produktion von Glückshormonen wie *Serotonin* und *Endorphinen*. Diese bauen die Stresshormone in deinem Körper ab, was einen großen Beitrag dazu leistet, dass du dich gut fühlst.

Aus genau diesem Grund funktionieren auch Drogen, da sie die Ausschüttung der Endorphine anregen und dadurch die Stresshormone abgebaut werden. Jedoch hat Sport im Gegensatz zu ihnen keine gesundheitlichen Nachteile, sondern sowohl physische als auch psychische Vorteile. Ist dir beispielsweise schon mal aufgefallen, dass körperlich fitte Personen neben einem stärkeren

Immunsystem auch tendenziell ein ausgeprägteres Selbstbewusstsein und Selbstwertgefühl haben als unsportliche?

Welcher Sport für dich am besten geeignet ist, liegt ganz in deinem eigenen Ermessen. Wichtig ist, dass er dir Freude bereitet und du ihn gerne machst. Ob es Joggen im Wald, Teamsport oder ein Home-Workout ist, die Möglichkeiten sind vielfältig. Informiere dich, probiere aus und entscheide dich für das, was dir am besten gefällt. Versuche dann, diesen Sport zwei- oder sogar dreimal die Woche zu machen.

Dabei empfehlen wir grundsätzlich etwas, was dir auf den ersten Blick vielleicht etwas seltsam erscheinen mag. Ein Aspekt, den wir aber sehr wichtig finden, ist, Sport ohne Musik auszuführen. Du hast bestimmt schon mal davon gehört, dass es sehr wichtig ist, eine konstante Atmung zu haben und die Geschwindigkeit deines Trainings dieser anzupassen. Wenn du beispielsweise Kraftsport machst, belastest du den Muskel beim Ausatmen und entlastest ihn beim Einatmen. Wenn du dabei aber nun Musik hörst, passiert es schnell, dass sich die Geschwindigkeit der Durchführung deiner Übungen beim Workout oder deiner Schritte beim Laufen eher dem Rhythmus der Musik angleicht als deiner Atmung. Dieses ist sehr nachteilhaft sowohl für dein sportliches Leistungsergebnis als auch für den erfolgreichen Abbau der Stresshormone. Dein Ziel ist es ja auch nicht, nach beispielsweise einer Stunde Rap oder Hardrock total aufgeputscht durch die Straßen zu stolzieren, sondern entspannt und gelassen aus dem Sport rauszukommen und stressfrei deinen weiteren Alltag zu bestreiten.

Des Weiteren lässt sich Sport sehr gut mit einer bewussten Erholungsphase im Anschluss kombinieren. Diese kann beispielsweise daraus bestehen, dass du ein gutes Buch liest, ein Salzbad nimmst oder einfach draußen die Natur genießt. Wichtig ist, dass du <u>jetzt</u> mit dem anfängst, was dir guttut.

Was dir mit Sicherheit jedoch nicht guttun würde, sind die eingangs als „weniger guten“ bezeichneten Mittel: Die Drogen. Unabhängig davon, ob es sich um legale oder illegale Drogen handelt, sie sind gesundheitsschädlich und wirken sich nicht nur negativ auf deine Gesundheit, sondern auch auf deine Studienleistung aus.

Das Problem bei Rauschmitteln ist, dass ihr Konsum zu einem Suchtkreislauf führt. Je nach Droge kann es sogar nach einmaligem „Austesten“ passieren, dass man in diesen Suchtkreislauf hineinfällt. Berauschungsmittel führen dazu, dass sehr viele Glückshormone, die bereits erwähnten *Endorphine*, im Gehirn ausgeschüttet werden. Die Ausschüttung von Endorphinen passiert auch, wenn wir etwas machen oder uns etwas passiert, was uns gefällt. Die Glückshormone an sich sind nicht das Problem, sondern die Menge.

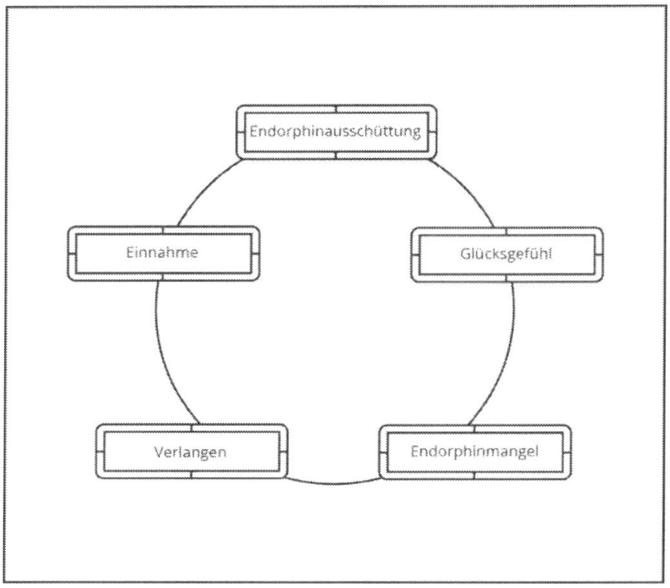

Es ist nämlich so, dass die Drogen

zu einer Reizüberflutung des Gehirns mit diesen Glückshormonen führen, sodass alles andere im wahrsten Sinne des Wortes seinen Reiz verliert und das Gehirn nicht mehr stimuliert. Auf diese Weise verspürt der Konsument ausschließlich Freude oder Glück, wenn er die entsprechende Droge zu sich nimmt. Und so geht der Kreislauf immer weiter und findet kein Ende.

Unabhängig davon, ob es sich um legale oder illegale Rauschmittel handelt, führen alle zu massiven physischen und psychischen Krankheiten sowie zu extrem negativen sozialen Veränderungen.

Wenn dich dieses Thema interessiert, lohnt es sich, dir auf einer Videoplattform ein oder zwei Dokus zu diesem Thema anzuschauen. Es ist wirklich sehr aufklärend und ermahnend, diese Bilder zu sehen und die Geschichten dieser Menschen zu hören.

Eine lernfördernde Ernährung

Wenn wir lernen, funktioniert das über unser Gehirn und simpler Weise ist unser Gehirn ein Teil unseres Körpers. Ist unser gesamter Körper gesund und fit, ist es auch unser Hirn. Ist jedoch das Gegenteil hinsichtlich unseres Körpers der Fall, überträgt sich das genauso auf unser Hirn. Es ist also wichtig, dass wir gesund leben, um unser Gehirn leistungsfähig zu halten beziehungsweise leistungsfähiger zu machen – und dazu gehören sowohl Sport als auch Ernährung.

Es gibt eine Vielzahl leckerer Rezepte zum Nachkochen und viele gesunde Alternativen zu all dem, was als „ungesund" gilt. Wenn du einmal damit angefangen hast, wirst du merken, dass es gar nicht mal so schwierig ist, dich gesund zu ernähren. Es gibt nur ein paar Basics, die du wissen und auf die du achten solltest.

Dazu gehört, dass sich unsere Lebensmittel grundsätzlich in drei Hauptbestandteile aufteilen: [1.] Kohlenhydrate, [2.] Fette und [3.] Eiweiße.

1) Kohlenhydrate

Es gibt drei verschiedene Arten von Kohlenhydrat- beziehungsweise Zuckermolekülen: Die beste unter ihnen ist das, was im Volksmund als *Stärke* bekannt ist. Sie ist sehr gut fürs Lernen, denn durch die Verkettung der einzelnen Zuckermoleküle dauert es, bis die Stärke aufgespalten und für deinen Organismus zugänglich ist. Das führt dazu, dass über einen längeren Zeitraum kontinuierlich Energie freigesetzt wird, ohne Heißhungerattacken oder Müdigkeit zu verspüren. Stärke befindet sich besonders in Kartoffeln, Hülsenfrüchten und dunklem Brot.

2) Fette

Die besten Fette sind *ungesättigte Fettsäuren*, die in der volkstümlichen Sprache als „gute Fette" bezeichnet werden. Sie sind oftmals pflanzlichen Ursprungs oder kommen in Fisch vor. Ein Beispiel hierfür sind die *Omega-3-Fettsäuren*, die besonders in Nüssen und Fisch sowie Lein- und Rapsöl vorhanden sind. Sie sorgen außerdem für einen besseren Informationsaustausch der Nerven und somit zu einem besseren Erinnerungs- und Lernvermögen.

3) Eiweiße

Eiweiße werden in unserem Körper sowohl als Bausubstanz für unsere Organe und Muskeln sowie als zuverlässiger Energielieferant, ähnlich wie Stärke, verwendet. Auch unser Gehirn setzt sich zum Großteil aus Eiweißen zusammen. Sie sind besonders in Hülsenfrüchten und Fisch vorhanden.

Der beste Weg, um genau diese guten Nahrungsmittelbestandteile aufzunehmen, ist, deine Mahlzeiten selbst zu kochen. Nun verraten wir dir einige Tipps und Tricks, wie du das ganz einfach angehen kannst.

Zuallererst möchten wir ein volkstümliches Sprichwort aufgreifen, das dir in Bezug auf die Menge des Essens, das du zu den verschiedenen Mahlzeiten zu dir nehmen solltest, sehr gute Empfehlungen gibt: *„Iss morgens wie ein Kaiser, mittags wie ein König und abends wie ein Bettler."*

Es ist nämlich entsprechend einiger Forschungen[7] so, dass nach einem ausgiebigen Frühstück der Heißhunger, besonders auf Süßigkeiten, über den Tag hinweg geringer ist, als wenn man nur eine Kleinigkeit gefrühstückt hat und dafür später mehr essen würde. Des Weiteren erklärt Prof. Kerstin Oltmanns, die Leiterin der in der Fußnote erwähnten Studie, dass der Energieverbrauch grundsätzlich morgens höher ist als abends. So führt die Einhaltung dieser Faustregel dazu, dass man mit mehr Energie durch den Tag geht und ist gleichzeitig weniger der Gefahr ausgesetzt, zuzunehmen.

Ebenso ist es wichtig, dass du am Tag genügend trinkst. Ins Zahlen bedeutet das 2-3 Liter. Wasser ist das Transportmedium Nummer 1 in unserem Körper, wodurch unser Blut dünner wird und Sauerstoff sowie Nährstoffe schneller im Körper verteilt werden. Auch zwischen unseren Zellen funktioniert der Stoffaustausch durch viel Flüssigkeit besser.

Das beste Getränk, dass du trinken kannst, ist Wasser. Darauf folgen ungesüßte Tees. Von Soft-Drinks, Energydrinks, Kaffee und gesüßten Tees ist aber abzuraten.

---

[7] Richter J, Herzog N, Janka S, Baumann T, Kistenmacher A, Prof. Oltmanns KM: Twice as high diet-induced thermogenesis after breakfast vs dinner on high-calorie as well as low-calorie meals. J Clin Endocrinol Metab, 2020 Mar 1;105(3)

Das Frühstück

Nimm dir morgens genügend Zeit, um dir ein umfangreiches Frühstück zu machen, durch das du viel Energie tanken und beste Inhaltsstoffe aufnehmen kannst.

Grundsätzlich ist Schwarzbrot gesünder als Weißbrot. Weißbrot enthält viel Zucker und kaum nützliche Nahrungsbestandteile. Bei Schwarzbrot ist es genau umgekehrt.

Ein weiterer großer Favorit zum Frühstück ist Müsli. Um Zeit zu sparen, kannst du dir ein großes 8-Liter-Einmachglas besorgen und dir darin dein eigenes Müsli mischen. Hier kannst du frei auswählen, worauf du Lust hast! Einmal die ganzen Pakete in das Glas gekippt und vermengt, steht jeden Morgen das ideale Müsli fertig bereit und wartet nur noch darauf, in die Schüssel gekippt zu werden. Dass du dir dein Müsli selbst mischst, spart dir Kosten und ermöglicht dir, viele Variationen auszuprobieren und deinen eigenen Vorlieben und Wünschen nachzukommen.

Das Mittagessen

Entsprechend der Faustregel sollte dein Mittagessen zwar eine ordentliche Portion sein, aber nicht so energiegeladen wie dein Frühstück. Damit ist gemeint, dass während du beispielsweise in dein Müsli Früchte hinzugegeben hast, die sehr viel Zucker beinhalten, solltest du beim Mittagessen eher auf Gemüse zurückgreifen – wobei rohes Gemüse gesünder ist als gekochtes Gemüse, weil durch die Erhitzung wertvolle Vitamine zerstört werden.

Was Fleisch angeht, so müssen wir nicht jeden Tag Fleisch essen, damit unser Körper gut funktioniert. Es ist sogar besser, wenn wir unseren Fleischkonsum etwas reduzieren und nur ein paar Mal in der Woche Fleischiges essen.

Aber wenn du mal Lust auf etwas Fleischiges hast, dann empfehle ich dir, eher auf Fisch als auf Fleisch zurückzugreifen. Fisch enthält, wie bereits erwähnt, wertvolle Omega-3-Fettsäuren, die deine Lernfähigkeit steigern. Viele Fischsorten kosten zwar etwas mehr, aber halte einfach mal im Supermarkt nach Prozent-Stickern Ausschau.

Wenn du dein Mittagessen jeden Tag aufs Neue frisch selbst zubereitest, nimmt dir das enorm viel Zeit weg. Wir empfehlen dir vorzukochen, denn so sparst du dir die Zeit und brauchst dein Essen nur noch erwärmen. Gemeint ist, dass du dir an einem Tag in der Woche – vielleicht am Wochenende – einmal die Zeit nimmst, und mehrere Gerichte in entsprechender Menge gleichzeitig für die ganze Woche kochst. Diese füllst du, nachdem sie abgekühlt sind, in Tiefkühlbehälter ab und frierst sie ein. Außer natürlich die Portion, die du an dem Tag oder dem darauf noch essen willst. Die stellst du einfach in den Kühlschrank.

Das Tiefkühlfach ist ein Bereich in der Küche, der oftmals sehr klein ist, bei dem es sich aber lohnt, in diesen zu investieren. Neben vorgekochtem Essen eignet er sich sehr gut, um vorgeschnittenes tiefgefrorenes Gemüse aufzubewahren, was dir sehr viel Zeit spart und dir das Kochen erleichtert. Außerdem gibt es in tiefgefrorenem Gemüse mehr Nährstoffe und Vitamine als in frischem Gemüse, da diese einfach eingefroren und dunkel gelagert werden, während frisches Gemüse durch die weniger gekühlte Lagerung und unter Sonnenlichteinstrahlung Vitamine und Nährstoffe verliert.

Überhaupt ist ein ordentlicher Vorrat sehr wichtig, um zeitsparend einzukaufen und zu kochen. Es macht sowohl für deinen Zeitaufwand als auch sogar für deinen Geldbeutel (besonders auf lange Sicht) einen großen Unterschied, ob du jeden Tag einkaufen musst, einmal die Woche oder – zumindest langhaltbare Grundnahrungsmittel wie Linsen, Kichererbsen oder Reis – nur einmal alle paar Monate.

Um deinen Vorrat aufzufüllen, kann ich dir nur empfehlen, den Gang in einen orientalischen Laden (meistens türkisch oder arabisch) zu wagen. Dort findest du sehr vieles in Großpackungen wie Reis, Hülsenfrüchte und sogar Gewürze. Auch Lebensmittel, die in den herkömmlichen Supermärkten als exotische Ware zu überhöhten Preisen verkauft werden, wie beispielsweise Humus (eine Paste aus Kichererbsen), findest du hier sehr viel günstiger. Oftmals gibt es in diesen Geschäften auch eine exzellente Fleischtheke, die gar nicht mal so teuer ist. Dort findest du eine große Auswahl an Fleisch zu Metzgerqualität, aber quasi zu Supermarktpreisen – kann ich echt nur empfehlen: Wenn Fleisch, dann von hier!

Das Abendessen

Entsprechend der am Anfang erwähnten Regel solltest du versuchen, abends keine großen Mahlzeiten mehr zu essen. Ich weiß, dass der Lifestyle abends noch essenzugehen, in die komplett entgegengesetzte Richtung zeigt, aber es ist einfach gesünder und besser für dein Lernen. So kannst du ähnlich wie beim Endspurt beim Laufen abends noch mal konzentriert deine Lernsachen und Aufgaben final angehen, bevor du deinen redlich verdienten Feierabend einlegst.

Wir empfehlen dir, einfache und schnelle Suppen und Eintöpfe zuzubereiten. Sie liegen nur leicht im Magen, sind gesund und je nach Machart nicht sonderlich energiegeladen, aber dennoch sättigend.

Google-it

Nach all der ganzen Theorie über Essen geht es jetzt an die Praxis. Schau dir einfach mal im Internet ein paar Rezeptideen an und probiere beizeiten das aus, was dir zusagt.

In diesem Sinne: Guten Appetit!

Nach dem Studium

Nach dem Studium erwischt viele junge Menschen, oftmals in einem Alter zwischen 21 und 29, die sogenannte Quarterlife-Crisis. Kurz nachdem man mehr oder minder auf den eigenen Beinen steht, beginnt bei vielen Studenten eine Phase des Selbstreflektierens und Selbsthinterfragens. Vielleicht würde der Begriff Selbstzweifel ihren Zustand sogar noch besser beschreiben.

Dieses kann bereits während des Studiums passieren, sodass man anfängt zu hinterfragen, ob man das richtige Studienfach gewählt hat oder ob man nicht lieber doch etwas ganz anderes studiert hätte. Falls diese Beschreibung auf die Situation zutrifft, in der du dich gerade befindest, dann empfehlen wir dir den *Exkurs „Die richtige Studiengangwahl"*. Die Exkurse findest du direkt nach diesem Kapitel.

Genauso kann es aber auch sein, dass sich dir diese Frage gar nicht stellt, sondern eher die Frage, als was du arbeiten möchtest. Dieses muss ja auch gar nicht zwingend in der Form der Quarterlifecrisis auftreten, sondern kann auch ganz normal im Zuge der regulären Beendigung deines Studiums entschieden werden.

Auch wenn die Zeiten vorbei sind, dass du einmal in einem Betrieb anfängst und dann bis zu deinem Ruhestand durchwegs bei diesem einen und keinem anderen Unternehmen arbeitest, entscheidest du mit der Wahl deiner Arbeit eine Vielzahl wichtiger Faktoren für deine Zufriedenheit und stellst Weichen für deine Zukunft.

Aus diesem Grund ist es wichtig, dass du dich früh genug mit ein paar Fragen auseinandersetzt: „Welcher Tätigkeit will ich nachgehen?" „Was sind meine Ziele?" „Was will ich durch meine Arbeit erreichen?" Im Folgenden will ich dir dabei helfen, diese Fragen für dich zu beantworten.

Vielleicht mag es so sein, dass du gerade deinen Bachelor geschafft und gar keine Lust mehr auf Uni hast – da wäre es doch naheliegend, es einfach beim Bachelor zu belassen und endlich anzufangen zu arbeiten – das solltest du dir jedoch gut überlegen. Je nach dem, was du studierst, kann das hinhauen, aber bei manchen Studiengängen ist das etwas zu einfach gedacht. Denn eine enorm wichtige Sache, die du unbedingt über deinen Studiengang in Erfahrung bringen solltest, ist, wie wissenschaftlich das Berufsfeld, das du mit ihm anvisierst, ist. Damit meine ich, dass je forschungsorientierter es ist, desto höher muss im

Regelfall dein Abschluss sein. Und je praxisorientierter es ist, desto eher reicht ein Bachelor-Abschluss schon aus, um einen zufriedenstellenden Job zu bekommen.

Studierst du beispielsweise Biologie oder eine andere Naturwissenschaft, wird ein Bachelor-Abschluss bei Weitem nicht ausreichen. Du wirst mindestens einen Master-Abschluss benötigen, um vernünftige Berufsaussichten zu haben. Je nachdem wäre sogar ein Doktortitel mehr als nur von Vorteil.

Wenn du hingegen beispielsweise Bauingenieurwesen oder ein anderes Ingenieurfach studierst, brauchst du mit Gewissheit keinen Doktor, außer du verfolgst ganz bewusst das Ziel, an einer Hochschule als Professor eingestellt zu werden. Ansonsten kann es nämlich sogar so sein, dass du nur sehr schwierig eine Arbeitsstelle findest, weil du mit einem Doktor „überqualifiziert" wärest.

Was die Frage angeht, ob ein Bachelor-Abschluss ausreichend ist, so ist es in den Ingenieurfächern oft so, dass es normalerweise für eine gute Anstellung reicht. Jedoch solltest du dir bewusst sein, dass du mit einem Bachelor-Abschluss teilweise aber nicht alles machen kannst, was du mit einem Master-Abschluss machen könntest. Beispielsweise kannst du im Bereich Bauingenieurwesen im Regelfall nur mit einem Master-Abschluss an Ingenieurbauwerken wie Stadien oder Brücken in der Projektleitung mitwirken. Nur mit einem Bachelor in der Tasche geht das normalerweise nicht.

Deswegen informiere dich an deiner Hochschule und im Internet über die verschiedenen Berufsmöglichkeiten und -aussichten, die dir mit den verschiedenen Abschlüssen offenstehen.

Unserer Meinung nach wirst du am besten über die Hochschulen selbst vermittelt. Oftmals gibt es eine Abteilung, die ausschließlich für den Übergang vom Studium auf den Arbeitsmarkt zuständig ist. Hier kannst du dich über deinen angestrebten Abschluss beraten lassen und in Erfahrung bringen, für welches Ziel welcher Abschluss ausreicht. Außerdem gibt es an den meisten Hochschulen ein- oder sogar mehrmals im Jahr eine Berufsorientierungsveranstaltung, bei der sich verschiedene potenzielle Arbeitgeber vorstellen und zeigen, welche Aufgaben und Arbeitsbereiche man bei Ihnen haben würde, sollte man bei ihnen anfangen zu arbeiten. Diese Veranstaltungen sind für dich goldwert, da sie für dich den vollen Umfang an Informationen zur Verfügung stellen – und außerdem ist es einfacher, bei einem Unternehmen einzusteigen, bei dem du dich auf diese Veranstaltung beziehen kannst, als bei irgendeinem völlig fremden.

Informiere dich einfach an deiner Hochschule über das dortige Beratungsangebot sowie den nächsten Zeitpunkt für eine Berufsorientierungsveranstaltung.

Darüber hinaus findest du auch im Internet eine Vielzahl an Seiten, die offene Arbeitsstellen vermitteln. Du brauchst nur „Jobsuche“ oder „Jobangebote finden“ in die Suchleiste einzugeben und schon werden dir viele verschiedene Seiten angezeigt, wo du dich im Regelfall kostenlos anmelden und dich auf die Suche nach einem Arbeitsplatz begeben kannst. Probiere es einfach mal aus: **Google-it!**

Des Weiteren ist die Bundesagentur für Arbeit nicht nur eine Behörde, von der du Gelder beziehen kannst, sondern sie vermittelt auch Arbeitsplätze an Suchende. Da gibt es überhaupt nichts Beschämendes, dich dort zu informieren oder sich sogar für die Arbeitsvermittlung anzumelden. Spätestens sobald du deinen Abschluss in der Hand hältst und noch keinen Arbeitsplatz hast, ist die Bundesagentur für Arbeit die erste Anlaufstelle für dich.

Diese Tipps sollten dir dabei helfen, den passenden Job für dich zu finden. Wir wünschen dir viel Erfolg und alles Gute auf deinem Weg!

Exkurse

Im Folgenden findest du einige Exkurse, die für manche Studenten ungeheuer wichtig sind, jedoch nicht für jeden. Schau dir einfach die Themen an und spring zu dem Exkurs, der für dich relevant ist. Sollte keiner für dich nützlich sein, kannst du sie einfach alle überspringen und direkt mit dem zweiten Teil dieses Buches *„Lernen gehackt"* fortfahren.

Und das sind die Themen der Exkurse:

Exkurs 1: Studieren ohne (Fach-)Abi?

Exkurs 2: Die richtige Studiengangwahl

Exkurs 3: Die Regelstudienzeit

Exkurs 4: Finanzierung des Studiums

Exkurs 5: Studieren mit Kind

Exkurs 1: Studieren ohne (Fach-)Abi?

Dass du nur über den klassischen Weg mit einem vollen Abitur oder einem Fachabitur studieren könntest, ist schon lange Schnee von gestern. Wenn du bereits dein (Fach-)Abitur in der Tasche hast oder gerade dabei bist, es abzuschließen, dann kannst du dieses Kapitel ruhig überspringen. Aber bestimmt ist auch die ein oder andere interessante Informationen für einen Freund von dir dabei, der sich anstelle der Oberstufe für eine Ausbildung entschieden hat.

Die Möglichkeiten sind schier endlos und du kannst über verschiedene Wege akademische Abschlüsse erzielen. Es ist sogar folgender Weg denkbar:

Nach der 10. Klasse entscheidest du dich für eine Ausbildung, absolvierst sie und nach ein paar Jahren Berufserfahrung beginnst du dein Bachelor-Studium. Nach dessen Abschluss gehst du über in das Master-Studium und nach dessen erfolgreichen Ende promovierst du und verfasst deine Doktorarbeit.

Ein Doktor ohne (Fach-)Abitur! Das, was auf den ersten Blick verrückt klingen mag, ist in der Realität aber durchaus möglich! Du musst nur deine Möglichkeiten kennen und gezielt darauf hinarbeiten.

Grundsätzlich gilt in ganz Deutschland, dass jeder auch ohne (Fach-) Abitur studieren kann, wenn man:

1) einen Meister- oder anderen hochqualifizierten Berufsbildungsabschluss vorlegen kann oder

2) eine abgeschlossene Berufsausbildung und eine mehrjährige Berufserfahrung vorweisen kann oder

3) eine *Begabtenprüfung* ablegt.

Was die Voraussetzungen in den einzelnen Bundesländern angeht, gibt es einige Unterschiede, die du individuell betrachten musst.

Level E 1.1:

Informiere dich über den folgenden QR-Code[8] über die detaillierteren Bestimmungen des Bundeslandes, in dem du lebst oder gerne studieren würdest:

Grundsätzlich kannst du, wenn du die Voraussetzungen erfüllst, auch ohne (Fach-)Abitur sowohl an Universitäten als auch Fachhochschulen studieren – da bist du nicht eingeschränkt!

Nachdem du im folgenden Exkurs den optimalen Studiengang für dich gefunden hast, empfehlen wir dir, schon vor dem ersten Bewerbungsschritt das Beratungsangebot der jeweiligen Hochschule in Anspruch zu nehmen und Beratungsgespräche zu führen. Dies wird deinen Weg in dein Studium um ein Vielfaches erleichtern!

[8] http://www.studieren-ohne-abitur.de/web/laender/

Exkurs 2: Die richtige Studiengangwahl

Egal, ob du noch vor der Entscheidung stehst, was du studieren möchtest, oder ob du dich bereits mitten im Studium befindest, es ist unfassbar wichtig, dass du „den richtigen Studiengang" für dich findest.

Hendrik aus unserem Team ist aufgrund seines eigenen Werdegangs und seiner Erfahrungen mit diesem Thema der ideale Ansprechpartner. In diesem Exkurs gibt er dir sein Wissen weiter und ebenso auch wertvolle Hinweise:

Ich selbst habe drei Semester lang Bauingenieurwesen studiert, doch ich konnte mich überhaupt nicht motivieren, um die ganzen Rechenwege und Formeln zu lernen und ich habe von manchen Fächern echt starke Kopfschmerzen bekommen. Das hat dazu geführt, dass ich innerhalb dieser drei Semester gerade mal 3 von 16 Modulen bestanden habe.

Bei meiner Klausur im Modul „Mechanik 1" war das sogar so heftig, dass ich nur 40 von 100 Punkten gebraucht hätte, um zu bestehen, der Prof. uns wegen eines Fehlers in der Aufgabenstellung 15 Punkte geschenkt hatte und ich somit nur 25 von 100 Punkten gebraucht hätte, um durchzukommen. Aber was war? Sogar das habe ich verhauen.

Ich habe dann eingesehen, dass es, realistisch betrachtet, einfach keinen Sinn mehr macht, weiter Bauingenieurwesen zu studieren: „Mir fehlt der Biss, mir fehlt die Motivation, mir fehlt die Freude am Fach... Mir fehlt einfach alles! Ich brauche etwas Neues!"

Und so habe ich mich mit ausgiebiger Hilfe von Studienberatern auf den Weg gemacht, den richtigen Studiengang an der richtigen Universität für mich zu finden. Es war sehr zeitaufwendig, aber – glaub mir! – am Ende hat es sich absolut gelohnt!

Das alles, was mir damals an Tipps und Tricks, Ratschlägen und Materialien mit auf den Weg gegeben wurde, möchte ich im Folgenden an dich weitergeben.

In Deutschland gibt es ungefähr 20.000 Studiengänge, von denen ungefähr die eine Hälfte Bachelorstudiengänge und die andere Hälfte Masterstudiengänge sind. Das ist eine enorm hohe Zahl, die die unzähligen Möglichkeiten sehr stark widerspiegelt.

Wie viele Studiengänge bekommt man als durchschnittlicher Schüler oder Student aufgezählt?

1. Anglistik (Englisch)
2. Bauingenieurwesen
3. Biochemie
4. Biologie
5. BWL (Betriebswirtschaftslehre)
6. Chemie
7. Germanistik (Deutsch)
8. Informatik
9. Jura
10. Maschinenbauingenieurwesen
11. Mathematik
12. Medizin
13. Physik
14. Psychologie
15. Sport
16. ________________________ Fällt dir noch einer ein?

Diese Fächer sind allen ein Begriff, da sie jeder aus seiner Schulzeit kennt. Vergleichsweise ist das natürlich eine winzige Zahl, wenn man bedenkt, wie viele Studiengänge es eigentlich gibt.

Allein der alphabetisch sortierte erste Studiengang „Abenteuer- und Erlebnispädagogik" zeigt, wie umfangreich das Spektrum der Studiengänge ist. Wer käme bitte schön von sich aus auf Abenteuer- und Erlebnispädagogik?

Ich möchte dir dabei helfen herauszufinden, welcher Studiengang am besten zu dir passt. Egal, ob du momentan noch Schüler bist oder dein Abitur gerade abgeschlossen hast und dich zu einem Studium bewerben möchtest oder ob du bereits studierst und Zweifel hast, ob dein Studiengang wirklich zu dir passt: Jetzt ist der beste Zeitpunkt, um den perfekten Studiengang für dich zu finden.

Dabei gibt es eine ganze Reihe an Möglichkeiten, die du dabei beachten solltest. Wenn du „volles" Abitur hast, kannst du dich sowohl an einer Universität oder auch an einer Fachhochschule bewerben. Du kannst ganz klassisch zur Hochschule gehen oder auch ein Fernstudium belegen. All diese verschiedenen Variationen bieten ganz unterschiedliche Chancen und je nach deiner Zielsetzung entsprechend verschiedene Vor- und Nachteile.

Über diese Möglichkeiten gebe ich dir vorab ein paar Informationen, um dich optimal auf dem Weg der Findung des perfekten Studiengangs zu helfen.

Uni oder FH?

Ein wichtiger Aspekt, den du unbedingt vor Antritt deines Studiums klären solltest, ist die Frage, ob du an einer **Uni**versität *(Uni)* oder **F**ach**h**ochschule *(FH)* studieren willst beziehungsweis kannst. Diese Frage ist auf keinen Fall universell zu beantworten, sondern musst du für dich selbst beantworten. Dabei ist es wichtig, die Unterschiede und Gemeinsamkeiten der beiden Hochschulformen zu kennen.

Bevor ich mein erstes Studium antrat, wurde mir erzählt, dass die Fachhochschulen mehr wie Schulen gegliedert seien, sodass man eher einen festen Stundenplan hat, als dass man sich seine Stunden und Module frei wählen könne. Und Fachhochschulen seien außerdem stärker an der Praxis orientiert als Universitäten, weshalb die zukünftigen Arbeitgeber eher Absolventen von Fachhochschulen einstellen würden als Absolventen von Universitäten.

In meiner Zeit als Student habe ich an beiden Hochschulformen studiert und die Unterschiede kennengelernt. So kann ich aus erster Hand sagen, dass diese Informationen zumindest schon mal in die richtige Richtung gehen.

1. Der erste deutliche Unterschied zwischen diesen beiden Hochschulformen liegt in den sogenannten *Zugangsberechtigungen*. Dieser ziemlich umständliche Begriff bezeichnet einfach nur die Voraussetzungen, die du erfüllen musst, um an einer FH oder einer Uni zu studieren.

   An einer Uni kannst du in den meisten Fällen fast nur mit einer *Allgemeinen Hochschulreife (Abitur)* studieren. Wie wir bereits im vorigen Exkurs erwähnt haben, ist es aber unter gewissen Umständen auch möglich, mit *Fachhochschulreife (Fachabitur)* oder einer abgeschlossenen Berufsausbildung ein Studium an einer Uni zu beginnen.

   Hingegen kann man an einer Fachhochschule ohne Weiteres sowohl mit Abitur, Fachabitur als auch einer abgeschlossenen Berufsausbildung mit ein paar Jahren Berufserfahrung studieren.

   Mit dem Abitur stehen dir grundsätzlich also alle Türen offen, während du mit einem Fachabitur oder einer abgeschlossenen Berufsausbildung im Normalfall *fachgebunden* bist.

   „Fachgebunden" bedeutet, dass wenn du beispielsweise eine Ausbildung zum Bauzeichner gemacht hast, damit Architektur oder

Bauingenieurwesen studieren kannst, aber beispielsweise keine Erziehungs- oder Sozialwissenschaften.

2. Die Fachhochschulen (eng.: Universit[y/ies] of Applied Sciences) sind genauso Hochschulen wie Universitäten, an denen du dein Studium vollwertig absolvieren kannst. Der Name deutet aber schon auf den stärkeren Fachbezug bzw. den Hang zur angewandten Wissenschaft (Applied Sciences) hin. Kurz um geht es bei Universitäten stärker um die Erforschung von neuem Wissen, während Fachhochschulen eher das bereits vorhandene Wissen in Anwendungs- und Fachbezügen an die Studenten vermitteln.

   Dieses macht sich auch in den Modul-/Fächernamen und Schwerpunkten bemerkbar. Die universitären Fächer sind im Regelfall allgemeiner und umfassender, während die Module an Fachhochschulen spezialisierter und anwendungsorientierter sind. Einige Beispiele, um das verständlicher darzustellen wären:

Universität	**Fachhochschule**
Chemie	*Angewandte Chemie*
Informatik	*Wirtschaftsinformatik*
Jura	*Wirtschaftsrecht*
Physik	*Technische Physik*
Soziologie	*Soziale Arbeit*

3. Ein weiterer deutlicher Unterschied ist das sogenannte *„Promotionsrecht“:* An Universitäten kannst du promovieren, also deine *Doktorarbeit* schrieben, an Fachhochschulen nicht.

   Wenn du jedoch an einer Fachhochschule *promovieren* möchtest, funktioniert das oftmals in Zusammenarbeit mit einer Universität: Du arbeitest an der jeweiligen Fachhochschule und stehst in Kontakt mit einem Professor einer Universität, der dich durch die Doktorarbeit begleitet. Dieser universitäre Professor beziehungsweise diese universitäre Professorin ist dann dein *Doktorvater* oder deine *Doktormutter.*

4. In Bezug auf die Lehrenden gibt es auch oftmals Unterschiede. Die Professoren einer Fachhochschule haben in der Regel mindestens fünf

Jahre Berufserfahrung, während Professoren einer Universität größtenteils eine rein akademische Laufbahn hinter sich haben. Dieses kann für Studierende einer FH, deren Ziel es ist, im Anschluss an das Studium in die freie Wirtschaft zu gehen, zum Vorteil gegenüber Studierenden einer Uni werden – muss es aber nicht.

Auch wenn sich die Universitäten allgemein theoretisch und die Fachhochschulen praktisch ausrichten, gibt es in beiden Hochschulformen oftmals spezifische Angebote, die in die andere Richtung gehen. So bieten Unis teilweiseweise Workshops und arbeitsmarktorientierte Ganztagesveranstaltungen an, und andersherum gibt es an FHs forschungsorientierte Exkurse.

Auch wird oft in Hinblick auf eine angleichende Entwicklung behauptet, dass die Unterschiede zwischen Uni und FH besonders in Fächern wie Betriebswirtschaftslehre (BWL), Kommunikationswissenschaften, Informatik und den Ingenieurfächern verschwinden und es quasi keinen Unterschied mehr macht, ob man diese Fächer an einer Uni oder einer FH studiert.

Ich kann aber aus Erfahrung sagen, dass dem nicht so ist. Während ich an der FH im Bauingenieurwesen von dem ersten Semester an Praktika, also praktische Veranstaltungen, bei denen ich im Labor stand, hatte, kamen diese bei Kollegen an der Uni frühestens ab dem dritten Semester.

Und genauso war es auch bei Bekannten von mir, die Informatik studierten: Während der eine an der FH von der ersten Woche an praktisch das umgesetzt hat, was er in den Vorlesungen gehört hat, hat der andere an der Uni in zwei Semestern noch keinen einzigen PC gesehen und saß nur in Vorlesungen.

Aber um wirklich sicherzugehen, wie die FH oder die Uni ist, die für dich speziell infrage kommen, fahr da hin, sprich mit den Studenten und setze dich einfach mal in die Vorlesungen rein. Die meisten Universitäten haben auch extra Angebote zum Reinschnuppern. Nimm diese in Anspruch und schau dir einfach an, wie dort der Hase läuft.

Was nun deine konkrete Wahl angeht, ob du an einer FH oder einer Uni studieren möchtest, empfehle ich dir prinzipiell: Überlege dir anhand deiner Zielsetzung, ob du später eher praxis- oder theorieorientiert arbeiten möchtest. Veranschauliche dir außerdem die grundsätzlichen Unterschiede der beiden Hochschulformen. Und ganz wichtig: Fahre wirklich einfach mal zu den jeweiligen Hochschulen und vergleiche sie miteinander. Welche Hochschule scheint deiner Zielsetzung eher zu entsprechen und wo fühlst du dich am wohlsten?

Level E 2.1:

Notiere hier deine Entscheidung: Möchtest du lieber an einer Uni oder an einer FH studieren?

____

Fernstudium?

Um die Frage, ob ein Fernstudium überhaupt etwas für dich ist, besser beantworten zu können, möchte ich dir im Folgenden einige typische Merkmale eines Fernstudiums aufzeigen.

Ein Fernstudium wird, wie der Name schon darauf hindeutet, aus der Ferne geführt. Das bedeutet, dass du kaum Veranstaltungen vor Ort in der Uni hast, sondern alles von zu Hause aus machen kannst – oder natürlich auch, von wo du willst! Da stehen dir alle Möglichkeiten offen: ob im Stadtpark, im Wald, auf einer Wiese, in einem Café oder sogar in einem ganz anderen Land.

Es gibt nur wenige Veranstaltungen, bei denen du zu einer von der Universität festgelegten Zeit (online) dabei sein musst und du kannst dich so losgelöst von jeglichem Stundenplan deine Fächer einteilen und legen, wie du willst.

Je nach Fernhochschule kannst du sogar deine Klausuren auf die Tage und Uhrzeiten legen, die dir am besten passen – selbst wenn es mitten im Semester ist.

Dieses extrem hohe Maß an Flexibilität ist für den einen genau das Richtige, kann für den anderen aber auch zur Falle werden. Mit der nötigen Motivation, Disziplin und Organisation funktioniert aber auch das ohne Probleme und du studierst vollkommen frei und selbstverantwortlich.

Diese Eigenschaften benötigst du natürlich in jedem Studium, um erfolgreich zu sein, weshalb wir dir mit diesem Buch dabei helfen wollen, dir diese anzueignen, aber im Fernstudium brauchst du noch mal eine Extraportion.

Die Distanz zur Hochschule führt oft dazu, dass du vergleichsweise wenig „wirklichen“ Kontakt zu anderen Studenten hast. An vielen Fernhochschulen gibt es aber für fast jedes Fach eine eigene Gruppe in den sozialen Medien, wo sich die Studenten gegenseitig austauschen. Aber am Ende ist es doch nicht das Gleiche, als würdest du in einer Arbeitsgruppe in der Hochschule sitzen.

Wenn sich mehrere Studenten einer Fernhochschule in einer Region befinden, kommt es aber auch nicht selten vor, dass die Studenten einen eigenen Stammtisch organisieren, wo sie sich möglichst regelmäßig treffen und austauschen.

Ein weiteres sehr großes und markantes Merkmal eines Fernstudiums ist die Vielzahl an Variationen und Möglichkeiten: Es gibt an vielen Fern-Hochschulen eine ganze Bandbreite an Studienmodellen, die für jeden Studenten das Passende bereithält.

So gibt es, um Bachelorstudiengänge als Beispiel zu nehmen, das Vollzeit-Studienmodel, welches 36 Monate / 6 Semester / 3 Jahre dauert, wo man wie jeder andere Student an einer Präsenzhochschule ganz normal seinen Bachelorabschluss absolviert.

Für Studenten mit Familie und weiteren Verpflichtungen gibt es ein abgeschwächtes Teilzeitmodel, welches 48 Monate / 8 Semester / 4 Jahre umfasst. Für Vollzeiterwerbstätige, die neben ihrer herkömmlichen Berufstätigkeit den Bachelorabschluss erwerben möchten, gibt es ein noch weiter ausgedehntes Teilzeitmodel, welches wie ein Abendstudium 72 Monate / 12 Semester / 6 Jahre umfasst.

Somit ist ein Fernstudium für jede Situation, in der du dich als Student gerade befindest, geeignet und individuell anpassbar.

Jedoch kann die folgende Information, falls du nicht erwerbstätig sein solltest, sehr entscheidend für deine Wahl sein, ob ein Fernstudium etwas für dich ist oder nicht. Und zwar ist es so, dass du in einem Fernstudium nur 12 Monate lang Anspruch auf BAföG hast, während du diesen bei einem Präsenzstudium für die gesamte Dauer der Regelstudienzeit hast.

Außerdem musst du ganz klar vor Augen haben, dass ein Fernstudium monatlich kostet! Während ein herkömmliches Studium in Präsenz (an einer staatlich geförderten Hochschule) nur pro Semester den Sozial- oder Studienbeitrag von ca. 300,- € kostet, musst du bei einer Fernhochschule monatlich für dein Studium bezahlen. Auf diese Weise kostet dich ein Fernstudium, alleine von den sogenannten *Studiengebühren* her, im Durchschnitt insgesamt zwischen 8.000,- € und 15.000,- €. [9]

Wichtig ist dabei zu erwähnen, dass es bei den meisten Fernhochschulen allerdings so ist, dass, wenn du die Regelstudienzeit überziehst, keine weiteren monatlichen Studiengebühren bezahlen musst, sondern es bei den Studiengebühren der Regelstudienzeit bleibt. Gleiches gilt in der Regel auch für Urlaubssemester.

Je nach Fernhochschule kommen auch noch weitere Kosten auf dich zu. Möglicherweise können Prüfungsgebühren anfallen, Lernmaterialien müssen bezahlt werden und der Semester-/Sozialbeitrag fällt trotz der Studiengebühren nicht weg. Auch Reisekosten stehen im Regelfall zwar selten, aber dennoch immer mal wieder auf dem Plan.

Welche Kosten dir bei einem Fernstudium unterm Strich begegnen würden, kann man pauschal nicht sagen, da das von Studiengang zu Studiengang und von Fernhochschule zu Fernhochschule unterschiedlich ist.

Wenn du dir vorstellen kannst, dich für ein Fernstudium zu entscheiden, dann ist die Kostenermittlung eine Aufgabe, die du selbst bei dem jeweiligen Studiengang, für den du sich interessierst, an der entsprechenden Fernhochschule machen musst. Dazu aber gleich mehr.

Level E 2.2:

Kreuze hier erst mal – vielleicht besser mit einem Bleistift – an, ob du dir nach diesem groben Überblick überhaupt vorstellen könntest, ein Fernstudium zu wählen, oder eher nicht.

☐ Ja ☐ Nein

[9] „Fernstudium Kosten im Überblick – Damit sollten Sie rechnen". studieren-berufsbegleitend.de

Den richtigen Studiengang finden

Level E 2.3:

Es ist eine mühsame Arbeit, die mehrere Stunden in Anspruch nehmen kann, aber es ist wirklich ein Muss, wenn du den perfekten Studiengang für dich finden willst. Benutze den folgenden QR-Code[10], um auf die Seite *studieren.de* zu gelangen, auf der alle Studiengänge zusammen mit den Hochschulen, die sie anbieten, aufgelistet sind. Schreibe dir in eine Liste [1.] alle Studiengänge auf, die dich erst mal nur vom Namen her ansprechen und notiere dahinter [2.] von welcher Hochschule dieser Studiengang angeboten wird:

Wichtiger Tipp:

Richte den Filter, oberhalb der alphabetischen Liste so ein, dass nur die Studiengänge angezeigt werden, die du auch sehen möchtest! Uni, FH oder beides? Fernstudium: Ja oder Nein? Es ist interessant zu sehen, welche Möglichkeiten man nach dem Bachelor-Studiengang hat, indem man auch die Masterstudiengänge sehen kann, aber willst du Zeit sparen, und dir zielorientiert nur die Bachelorstudiengänge anschauen? Dann klicke auf die entsprechenden Buttons!

Ich selbst hatte mir nach dieser Arbeit exakt 200 Studiengänge rausgeschrieben, von denen 94 Bachelorstudiengänge waren und der Rest Masterstudiengänge. Der Filter kann dir also enorm viel Zeit sparen.

[10] https://studieren.de/studiengangsliste.0.html

Level E 2.4

Öffne die Internetseite jedes (Bachelor-)Studiengangs von der entsprechenden Hochschule und lade dir die Modulhandbücher runter.

Es ist sehr wichtig, die Modulhandbücher zumindest in dem Ausmaß zu überfliegen, dass du ein Bild des Studienganges vor Augen hast. Es kann manchmal schon reichen, dass du dir nur die Namen der einzelnen Module im Inhaltsverzeichnis durchließt. Und wenn du mal ein großes Fragezeichen im Gesicht stehen hast, kannst du die detailliertere Beschreibung lesen.

Auf diese Weise wirst du feststellen, dass Studiengänge mit dem gleichen Namen, die an verschiedenen Hochschulen angeboten werden, unterschiedliche Inhalte haben können.

Ich beispielsweise hatte mich für den Studiengang „Angewandte Naturwissenschaft“ interessiert. Bei der einen Hochschule war dieser Studiengang sehr biologielastig, was mir sehr zugesagt hätte, und bei einer anderen Hochschule war er sehr mathematik- und physiklastig – und das wollte ich nach dem Studium im Bauingenieurwesen ja nun wirklich nicht.

Level E 2.5

Überfliege nun die Modulhandbücher, sodass du ein Bild der Studiengänge im Kopf hast und abschätzen kannst, ob du Freude an diesem Fach entwickeln kannst. Markiere die Studiengänge auf deiner Liste mit den Farben entsprechend deiner Einschätzung:

Rot: Absolutes No-Go!

Orange: Nee, eher nicht.

Gelb: Geht so.

Blau: Joa, das könnte ich mir schon vorstellen.

Grün: Ja, das ist es!

Wenn du es bis hierhin geschafft hast, hast du wirklich hervorragende Arbeit geleistet und bist mit Sicherheit erschöpft.

Führe dir noch mal vor Augen, warum du das eigentlich gerade machst.

Mit dieser Entscheidung, welchen Studiengang du wählst, beeinflusst du dein gesamtes Leben.

Du entscheidest jetzt nicht nur darüber, ob du ein mit Freude erfülltes und von Motivation geleitetes Studium haben wirst, sondern auch über die 30 / 40 Jahre im Arbeitsleben danach.

Die Arbeit, die du ausführst, soll dir Spaß machen und dein Leben bereichern – und die Weichen dafür stellst du genau jetzt!

Wenn du nicht bereits ohnehin diese Arbeit auf mehrere Tage verteilt hast, lege das Buch nun zur Seite und mache morgen an dieser Stelle weiter…

Nachdem du gestern alle Studiengänge anhand ihrer Modulhandbücher analysiert hast, steht nun die letzte große Aufgabe in diesem Kapitel an. Jetzt geht es darum, die engere Auswahl, also alle grün markierten Studiengänge, zu überprüfen und zu schauen, welcher von ihnen der perfekte Studiengang für dich ist und von welcher Uni dieser angeboten wird.

Level E 2.6

Lies die Modulhandbücher deiner engeren (grünen) Auswahl jetzt genauer durch. Markiere im Anschluss in deiner Liste, beispielsweise durch ein Häkchen an der Seite, welcher Studiengang dich vollkommen aus den Socken haut und streiche die Studiengänge durch, die dich bei genauerer Betrachtung doch nicht überzeugen.

Im Idealfall blieb jetzt nicht mal mehr eine Handvoll Studiengänge übrig, sodass du dich nur noch für einen Studiengang entscheiden und dich bei der entsprechenden Hochschule bewerben musst.

Wenn dir diese Entscheidung schwerfällt, kannst du dich mit deinen Eltern oder deinen engsten Freunden beraten, da sie dich, deine Stärken und auch deine Schwächen sehr gut kennen, wo sie dich am ehesten sehen.

Aber lasse dich nicht von etwas überreden, was du nicht willst!

DU musst diese Entscheidung selbst treffen und DU musst mit dieser Entscheidung LEBEN!!

Was dir bei der richtigen Studiengangwahl – und überhaupt im Studium allgemein – sehr helfen wird, ist das bereits bekannte klare Ziel. Wenn du weißt, dass du ein bestimmtes Ziel mit dem einen Studiengang verfolgen kannst, aber bei dem anderen dir kein Ziel einfällt, dann entscheide dich besser für den zielorientierten Studiengang.

Ich hoffe sehr, dass ich dir mit diesen Tipps weiterhelfen konnte und wünsche dir bei deiner Studiensuche viel Erfolg!

Exkurs 3: Die Regelstudienzeit

Seitens einiger Lehrenden und oftmals auch von den ein oder anderen Verwandten wird – aus welchen Gründen auch immer – immer wieder behauptet, dass man die Regelstudienzeit unbedingt einhalten müsse. Dabei ist das vollkommen unsinnig.

Entgegen diesem Glaubensgrundsatz hat ein Dozent zum Antritt des Studiums folgenden Ratschlag gegeben: „Achtet nicht darauf, die Regelstudienzeit unbedingt einzuhalten, sondern achtet darauf, gute Noten für euren Abschluss zu sammeln, denn DAS ist später wichtig für den Arbeitsmarkt. Kein normaler Arbeitgeber achtet auf die Regelstudienzeit, und wenn einer mal darauf achtet und dich deswegen nicht nimmt, kannst du froh darüber sein, nicht bei diesem zu arbeiten."

Ebenso erzählte ein Dozent in einer Einführungsveranstaltung bezüglich seines eigenen Studentendaseins, dass er die Regelstudienzeit auch um einige Semester überzogen hatte und kein einziges davon missen wolle. Er fuhr mit dem Rat fort, dass auch wir uns genauso wenig an die Regelstudienzeit halten, sondern uns nach unseren eigenen Bedürfnissen, Leistungen und Möglichkeiten richten sollen.

Dies ist nebenbei bemerkt auch die Praxis der absoluten Mehrheit der Studierenden in Deutschland. Es ist weniger eine Ausnahme, sondern vielmehr die Regel, die vorgesehene Regelstudienzeit zu überziehen. Beispielsweise haben im Jahr 2019 gerade mal 33,6 % [11] der Absolventen ihren Hochschulabschluss innerhalb der vorgesehenen Regelstudienzeit erworben.

Das liegt besonders daran, dass die Regelstudienzeit nicht mehr den Bedürfnissen der Studenten und den Ansprüchen der Hochschulen gerecht wird: Sie ist einfach zu kurz. Studierende benötigen mehr Zeit, um ihr Fachwissen zu vertiefen und häufig auch, um einem Nebenjob nachzugehen.

Aus diesem Grund ist es mehr als nur notwendig, eine Reform der Regelstudienzeit von Seiten der Hochschulen durchzuführen. Wir leben ja schließlich nicht mehr im Mittelalter, wie eine Professorin sagte: „Dass die jungen Erwachsenen im Mittelalter fünf bis sechs Jahre lang bis zu ihrem Magister [Master] studierten und sich das bis heute nicht geändert hat, obwohl wir sehr

---

[11] Statistisches Bundesamt. *Bildung und Kultur: Nichtmonetäre hochschulstatistische Kennzahlen 1980-2019*. 04.12.2020, Fachserie 11 Reihe 4.3.1, Seite 815

viel älter werden als zu jener Zeit, sollte uns zu denken geben." Aber wann so eine Reform kommen könnte, ist leider überhaupt nicht absehbar. Aus diesem Grund liegt es für den Augenblick an jedem einzelnen Studenten selbst, die Anzahl seiner Module für jedes einzelne Semester so zu wählen und somit seine Studienzeit so zu verlängern, wie es für seine eigenen Bedürfnisse am besten ist.

Ein trauriges Negativbeispiel dafür ist ein Kommilitone, der versucht hatte, in einem einzigen Semester drei exotische und komplizierte Fremdsprachen zu lernen: Chinesisch, Arabisch und Türkisch. Ich denke ich brauche gar nicht großartig zu erwähnen, dass er daran kläglich gescheitert ist. Und die Antwort auf die Frage nach dem „Warum?" ist auch offensichtlich...

Wichtig für uns ist die Lehre aus alledem.

Merksatz: ***„Für den Studienverlauf gilt: Qualität statt Quantität!"***

Die einzige Herausforderung, die das Überziehen der Regelstudienzeit mit sich bringt, ist die Finanzierung des Studiums und der eigenen Wohnung, wenn man bis dahin BAföG bezogen hat, da dieses nur für die Dauer der Regelstudienzeit ausgezahlt wird. Aber das ist dennoch kein Hindernis! Und wenn du ohnehin kein BAföG bekommen haben solltest, ändert sich für dich sowieso nichts.

Mehr zu dem Thema „Finanzierung während des Studiums" im folgenden Exkurs.

Exkurs 4: Finanzierung während des Studiums

In diesem besonderen Lebensabschnitt ist es wichtig, dass du ein eigenes Einkommen hast. Denn unabhängig von deiner Wohnsituation kommen Kosten auf dich zu, wie der Semesterbeitrag oder Kosten für Lernmaterialien und Bücher. Und wenn du eine eigene Wohnung hast, wird das natürlich noch mal mehr.

Aber lass dich davon auf gar keinen Fall abschrecken, denn es gibt genügend Möglichkeiten, um auch als Student Geld zu erhalten – sei es in Form von Förderungen oder von Löhnen. Im Folgenden möchten wir dir einen Überblick über die verschiedenen Möglichkeiten geben, damit du dein Leben als Student möglichst frei und ohne finanzielle Engpässe bewältigen kannst.

BAföG

Das *Bundesausbildungsförderungsgesetz* – kurz BAföG – kommt als erstes jedem (angehenden) Studenten in den Sinn, wenn es darum geht, wie er seinen Lebensunterhalt für die Zeit seines Studiums sicherstellen kann. Im Folgenden möchten wir dir diesbezüglich ein paar grundlegende Informationen mitgeben, die du unbedingt über BAföG wissen solltest.

BAföG ist eine finanzielle Unterstützung, die sich zu 50 % aus einer rückzahlungsfreien Förderung und zu weiteren 50 % aus einem rückzahlungspflichtigen, aber zinsfreien Darlehen zusammensetzt. An dieser Stelle denkt sich vielleicht der ein oder andere: „Hmm… Ich will eigentlich keine Schulden machen… Lieber gehe ich neben dem Studium arbeiten, sodass ich erst gar keine Schulden aufnehme."

Dieser Gedanke ist vollkommen nachvollziehbar, jedoch nicht sonderlich realistisch. Dein Studium ist als deine auf Vollzeitbasis angelegte Arbeit zu verstehen! Es gibt viele Leute, die zwei oder drei Mini- oder Nebenjobs gleichzeitig ausführen und daran kaputt gehen. Wenn deine Eltern neben ihrer Vollzeitbeschäftigung noch eine Nebenbeschäftigung oder einen Minijob (ca. 450,- Euro im Monat) machen würden, wäre das schon eine sehr große Herausforderung. Aber wie sollte das dann erst mit zwei ganzen Vollzeitbeschäftigungen [Studium + Vollzeitarbeit] sein? Daran würde definitiv jeder Mensch zugrunde gehen!

Die einzige Möglichkeit, halbwegs mit einem Vollzeit-Job neben deinem Studium klarkommen zu können, ist, dass dein Studium immens darunter leidet und mindestens entweder deine Leistungen oder deine Studiendauer und damit einhergehend auch deine Motivation stark beeinträchtigt werden. Im schlimmsten Falle sogar alles. Bezüglich der BAföG-Rückzahlung geben wir dir auch gegen Ende dieses Exkurses einige wertvolle Tipps. Also lasse dich deswegen nicht von diesem 50-prozentigen zinslosen Darlehen einschüchtern! Lies diesen Exkurs bis zum Ende durch und stelle anschließend deinen BAföG-Antrag!

BAföG ist für Lernende gedacht, die ihre schulische oder hochschulische Ausbildung ohne diese Förderung nicht absolvieren könnten. Ein Grund hierfür kann beispielsweise sein, dass du Vollzeit studierst. Dieses geht auf genau das eben erwähnte Verständnis zurück, dass dein Studium deine Vollzeitarbeit ist. Wichtig hierbei ist, dass du (zumindest offiziell) wirklich Vollzeit studierst, denn nur als Vollzeitstudent hast du auch Anspruch auf BAföG – jedoch nicht, wenn du „nur" auf Teilzeit studierst. Denn als Vollzeit-Student hast du wie bereits dargestellt keine Zeit, einer bezahlten Tätigkeit auf Vollzeitbasis nachzugehen, um deinen Lebensunterhalt zu sichern. Ein weiterer Grund für deinen BAföG-Bezug ist, dass deine Eltern nicht über die nötigen finanziellen Mittel verfügen, um dich für die Zeit deiner „Ausbildung" – so wird das Studium im Gesetz bezeichnet – zu unterhalten.

Es kann also sein, dass wenn du neben der Uni noch etwas verdienst und das den sogenannten Freibetrag – der Betrag an Lohn, den du monatlich frei erhalten kannst, ohne Abzüge in deinem BAföG zu bekommen – übersteigt oder deine Eltern zu viel verdienen, sodass sie in der Lage sind, dir Unterhalt zu zahlen, du entweder nur vermindertes oder im Extremfall sogar gar kein BAföG bekommen kannst.

Je nach Umstand, in dem du dich befindest, kannst du deine Eltern aber aus deiner BAföG-Berechnung rausnehmen lassen, weil sie gar nicht als unterhaltspflichtig dir gegenüber gelten. Schau einfach mal online in das BAföG § 11 rein, Google-it!

Darüber hinaus widerspricht in wenigen Punkten das Bundesausbildungsförderungsgesetz dem Bürgerlichen Gesetzbuch. Dieses ist beispielsweise dann der Fall, wenn du vor deinem Studium bereits eine Berufsausbildung abgeschlossen hast. Nach dem BAföG (BAföG § 11) musst du 36 Monate im Anschluss in deinem Ausbildungsberuf gearbeitet haben, jedoch musst du das aber nicht nach dem BGB (BGB § 1610). Unter Umständen kann dir dieser Widerspruch dazu verhelfen, deine Eltern aus der Berechnung rausnehmen zu lassen und so den BAföG-Höchstsatz zu bekommen. Dieses ist von Fall zu Fall unterschiedlich und muss im Detail geprüft werden. Hier gilt es, anhand der Gesetze mit dem BAföG-Amt Rücksprache zu halten.

Darüber hinaus gibt es noch einige weitere Fälle, die jedoch so selten sind, dass sie die Rahmen dieses Exkurses sprengen würden. Sollte dieses für dich notwendig oder von Nutzen sein, dann informiere dich im Netz einfach mal über dieses Thema. Google-it!

Ebenso beeinflusst dein eigenes Vermögen die Höhe deines BAföGs. Dazu zählen dein Kontostand, Aktien und alles Weitere, was du an Kapitalvermögen angespart hast – dazu gehört auch dein Bargeld in deiner Spardose.

Deswegen informiere dich beim BAföG-Amt deiner Hochschule über die aktuellen Grenzwerte, wie viel du verdienen beziehungsweise besitzen darfst, um möglichst den BAföG-Höchstsatz zu erhalten!

Kleiner Tipp am Rande: Solltest du merken, dass du beispielsweise zu viel Geld besitzt, dann gib es für das aus, was du schon lange machen oder haben wolltest. Dann bist du unter dem Grenzwert, kannst volles BAföG bekommen und hast dir davor noch richtig schön etwas gegönnt. Und auch wenn du zu viel verdienen solltest: Schraube deine Stundenzahl vertraglich runter und alles ist wieder im Lot. Nebenbei bemerkt ist es während des Studiums ohnehin einfacher und sehr viel angenehmer, wenn du weniger arbeiten muss und dich umso mehr auf das Lernen beziehungsweise Studieren konzentrieren kannst.

Darüber hinaus ist es für dich als Student wichtig zu wissen, dass du BAföG nur für den klassischen akademischen Werdegang bekommst. Das bedeutet: Zuerst kommt der Bachelor und dann kommt der Master. Für diese beiden akademischen Abschlüsse kannst du einmalig BAföG bekommen – für mehr nicht. Das bedeutet, dass du nur in deinem „ersten Bachelorstudiengang" gefördert werden kannst. Solltest du noch einen zweiten Bachelor im Anschluss machen wollen, wird dir dieser nicht finanziert.

Wenn du den Fall hast, dass du beispielsweise Sportwissenschaften studierst und merkst, das ist gar nichts für dich und du würdest zum Beispiel lieber Pädagogik studieren, dann mach deinen Bachelor in Sportwissenschaften auf keinen Fall zu Ende! Denn BAföG bekommst du dann nur für deinen Bachelor in Sportwissenschaften, aber nicht für deinen Bachelor in Pädagogik.

Wenn du deinen ersten Bachelorstudiengang innerhalb der ersten beiden Semester abbrichst und einen neuen beginnst, kannst du ohne Probleme BAföG für deinen neuen Studiengang erhalten. Solltest du das im dritten Semester machen, musst du beim BAföG-Antrag einen Grund angeben, weshalb du deinen ersten Studiengang abgebrochen hast. Je nachdem, wie du es erklärst, kann dir neues BAföG gewährt werden, aber es kann dir dann auch verweigert werden. Solltest du im vierten Semester abbrechen, musst du eine Notwendigkeit zum Abbruch nachweisen, die dich an der Ausübung des Berufsfeldes, welches mit diesem Abschluss angestrebt wird, verhindert. Beispiele hierfür sind neu entwickelte Allergien, schwer beeinträchtigende Unfälle und Ähnliches.

Des Weiteren macht es einen Unterschied, ob du ein Fernstudium oder ein herkömmliches Präsenzstudium hast. Im Fernstudium steht dir BAföG leider nur für 12 Monate zu und im Präsenzstudium jedoch für die gesamte Regelstudienzeit.

Was den Bezug deines BAföGs im Präsenzstudium über die Regelstudienzeit hinaus angeht, gibt es besondere Umstände, die dir sogar das ermöglichen können. Wie viele Semester dir über die Regelstudienzeit hinaus am Ende BAföG-förderungsfähig anerkannt werden ist je nachdem, aus welchem Grund diese Verlängerung in Kraft tritt, unterschiedlich [§ 15 BAföG Abs. 3].

Zu diesen Umständen gehört beispielsweise, wenn du während deines Studiums schwanger bist/wirst oder wenn du ein Kind hast/bekommst. Wie viele Semester du für deine jeweilige Situation obendrauf gerechnet bekommst ist unterschiedlich und basiert auf folgenden Angaben:

- für die Schwangerschaft: 1 Semester
- bis zum 5. Lebensjahr des Kindes: jeweils 1 Semester pro Lebensjahr des Kindes
- für das 6. und 7. Lebensjahr des Kindes: insgesamt 1 Semester
- für das 8. bis 10. Lebensjahr des Kindes: insgesamt 1 Semester
- für das 11. bis 14. Lebensjahr des Kindes: insgesamt 1 Semester

Abgesehen von der Schwangerschaft gelten diese Angaben für junge Väter gleichermaßen wie für junge Mütter!

Weitere Gründe für eine Verlängerung der Förderungsdauer sind, wenn du mit einer Schwerbehinderung studierst, dich organisatorisch an deiner

Hochschule ehrenamtlich engagiert hast [wie beispielsweise Fachschaft, AStA etc.] oder wenn ein *schwerwiegender Grund* vorliegt. Schwerwiegende Gründe sind nicht leicht zu definieren und müssen im Einzelfall geprüft werden. Ein Beispiel wäre jedoch ein Todesfall in deiner Familie auf direkter Blutlinie [Vater, Mutter, Bruder, Schwester] und Ähnliches. Schick dem BAföG-Amt einfach bei deinem (nächsten) Antrag entsprechende Nachweise mit und für dich kann normalerweise die Verlängerung der Förderungsdauer geltend gemacht werden.

Außerdem gibt es für den BAföG-**Erst**bezug Altersgrenzen. Bei einem Bachelorstudiengang liegt diese bei 30 Jahren und bei einem Masterstudiengang bei 35 Jahren. Diese Grenzen beziehen sich auf den Zeitpunkt, zu dem du mit deinem Studium anfängst. Wenn du im Laufe deines Studiums diese Grenze überschreitest, ist das vollkommen irrelevant.

Solltest du zu deinem Studienantritt älter sein als diese Altersgrenzen erlauben, jedoch nachweisen können, weshalb es dir zu einem früheren Zeitpunkt nicht möglich gewesen ist, dein Studium zu beginnen, steht nach einem gesonderten Antrag deinem BAföG-Bezug im Regelfall aber auch nichts mehr im Wege.

Das alles sind sehr viele Informationen, aber lass dich davon nicht einschüchtern, sondern arbeite diese Punkte einfach Stück für Stück ab und dann wirst du sehen, ob BAföG für dich in Frage kommt oder nicht. Selbst wenn BAföG für dich abgelehnt wird, kann dieses eine Brücke für andere Förderungsmöglichkeiten sein – mehr dazu gleich.

Abschließend geben wir dir noch einen wichtigen Hinweis in puncto BAföG mit auf den Weg, denn wir dürfen bei der ganzen Förderungsgeschichte nicht vergessen, dass unterm Strich nur die Hälfte des dir ausgezahlten Betrages wirklich eine Förderung ist. Die andere Hälfte ist ein sogenanntes *zinsloses Darlehen*, welches du nach Abschluss deines Studiums zurückzahlen musst. Jedoch beträgt die Höhe dieser Rückzahlung maximal 10.010, - Euro. Das bedeutet, dass alles, was von den 50 % deines gesamten BAföG-Bezuges über diese 10.010, - Euro hinausgeht, dir quasi geschenkt wird! Dennoch klingt das für jemanden, der gerade frisch aus dem Abitur kommt, immer noch nach sehr viel Geld, aber keine Sorge! Spätestens sobald du richtig ins Arbeitsleben eingetaucht bist, wirst du mit großer Wahrscheinlichkeit keine Probleme mit der Rückzahlung haben. Wir werden dir auch gleich erklären, weshalb.

Dass man überhaupt etwas zurückzahlen muss, ist an BAföG natürlich nicht ganz so toll, aber in der Regel funktioniert das auf eine sehr menschliche Art und Weise. Sobald du dein Studium abgeschlossen hast, vergeht normalerweise einige Zeit, in der du dich in Ruhe nach einem Arbeitsplatz umsehen kannst, mit dem du deinen Lebensunterhalt und die BAföG-Schulden bezahlen kannst.

Um genauer zu sein, vergehen 5 Jahre nach dem **Abschluss** deines geförderten Bachelors. Falls du deinen ersten Studiengang abbrichst und einen zweiten beginnst, für den dir BAföG ebenfalls bewilligt wird, zählt der erste Studiengang nicht und die 5 Jahre beginnen ab dem Abschluss deines zweiten. Wenn du also einen Master an deinen Bachelor anhängst und dafür 2 Jahre benötigst, wirst du 3 Jahre nach deinem Masterabschluss vom Bundesverwaltungsamt kontaktiert.

Zurzeit beträgt die Höhe der Rückzahlung seit dem Sommersemester 2020 vierteljährlich genau 390,- Euro und eigentlich noch sehr human. Bis zu dem Zeitpunkt, ab dem sich das Bundesverwaltungsamt jedoch bei dir meldet, kann sich dieser Satz aber noch verändern. Deswegen informiere dich zu gegebener Zeit über den aktuellen Rückzahlungssatz oder warte einfach den amtlichen Brief ab, in dem alles beizeiten erklärt wird. Für den Fall, dass du aus welchem Grund auch immer nicht in der Lage sein solltest, den geforderten Betrag zu diesem Zeitpunkt zurückzuzahlen, kannst du problemlos – wenn es dann so weit ist – einen Antrag auf Verschiebung der Rückzahlung stellen.

Falls du jedoch fleißig gespart hast und dein BAföG auf einmal zurückzahlen möchtest, ist das nach Absprache mit dem Bundesverwaltungsamt ebenfalls durchaus möglich. Das Bundesverwaltungsamt wird dir (auf Anfrage) sogar ein Angebot über einen Nachlass machen, sodass du unterm Strich auf einen Schlag erst mal weniger zurückzahlen musst, als du in Raten eigentlich zurückzahlen würdest. Das hört sich erst mal super an, ist aber nur bedingt sinnvoll, denn dieser Nachlass bezieht sich auf deine tatsächlichen Schulden, also auf die 50 % deines gesamten BAföG-Bezuges.

Wenn du beispielsweise über die Semester hinweg 30.000, - Euro an BAföG bekommen hast, bezieht sich dieser Nachlass auf die 15.000, - (50 % von 30.000) Euro, nicht auf die 10.010, - Euro!!

Die Schwelle, die entscheidet, ob diese Art und Weise der Rückzahlung sinnvoll ist oder nicht, liegt demzufolge haargenau bei einer insgesamten BAföG-Auszahlung von 26.693,32 Euro. Davon beträgt das 50-prozentige zinslose Darlehen nämlich 13.346,66 Euro, worauf es einen Nachlass von 25 % gibt und somit nur 10.009,99 Euro zurückgezahlt werden müssen. Demzufolge macht es Sinn, wenn du weniger als diesen Betrag an BAföG erhalten hast, diesen unter Anwendung dieses Nachlasses einmalig zurückzuzahlen, aber alles über diesem Schwellenwert auf gar keinen Fall – da machst du eher Minus!

Jedoch **musst** du diesen Nachlass **nicht** in Anspruch nehmen! Wenn du also fleißig gespart hast und deine Schulden von 10.010,- Euro einfach schnellstmöglich abbezahlen willst, dann kannst du das auf einen Schlag ganz einfach machen und die Sache hat sich erledigt.

Nähere Informationen hierzu findest du auf der Seite des Bundesverwaltungsamtes über diesen QR-Code[12]:

Nebenbei zum Thema „Wohnen“ sei noch kurz eine Kleinigkeit erwähnt: Sobald du eine eigene Wohnung hast, wird der Rundfunkbeitrag von dir eingefordert. Schicke den Zuständigen in deinem Bundesland einfach deinen BAföG-Bescheid **in Kopie** zu oder mach das Ganze online und lass dich auf diese Weise vom Rundfunkbeitrag befreien und die Sache ist (vorerst zumindest) gegessen.

Und zum Abschluss nur noch eine allerletzte Information über BAföG, die vielleicht weniger dich persönlich, sondern viel mehr jemanden aus deinem Freundes- und Bekanntenkreis betrifft:

BAföG steht nicht nur Studenten zu! BAfö(G) steht für Bundes**aubildungs**förderung, nicht für Bundes**studierenden**förderung! Es können sowohl Auszubildende, Schüler als auch Studenten unter gewissen Voraussetzungen BAföG erhalten. Der Grundgedanke dabei ist, wie eingangs erwähnt, dass der „Auszubildende“ seinen Lebensunterhalt nicht eigenständig

---

12 https://www.bva.bund.de/DE/Services/Buerger/Schule-Ausbildung-Studium/BAfoeG/4-Rueckzahlungszeitraum/VorzeitigeRueckzahlung/vorzeitigerueckzahlung_node.html

bestreiten oder von seinen Eltern finanziert werden kann. Auch wenn du dich gerade explizit um die Finanzierung deines Studiums kümmerst, kann diese Information wichtig für Freunde von dir sein, die noch zur Schule gehen oder eine Ausbildung durchführen und dabei Schwierigkeiten haben, sich finanziell über Wasser zu halten.

Wir haben einen Bekannten, der 28 Jahre alt ist und als verheirateter Familienvater seinen Realschulabschluss nachholt und dabei den BAföG-Höchstsatz bekommt. Vielleicht fällt dir jemand in deinem Bekannten-, Freundes- oder Familienkreis ein, dem BAföG unter die Arme greifen könnte. Erzähle es ihm! Es ist ein unglaublich großartiges Gefühl, jemandem sein Leben spürbar zu erleichtern. Nachfragen, ob man einen BAföG-Anspruch hat, kostet nichts und kann auch deinem Freund echt enorme Abhilfe schaffen.

Stipendien

Der Sinn von Stipendien ist, dass es dir als Studenten ermöglicht werden soll, dich noch intensiver auf dein Studium zu fokussieren, indem du mehr Lernzeit hast, da du nicht mehr neben deinem Studium arbeiten gehen musst. Jedoch ist es so, dass du oftmals, um ein Stipendium zu erhalten, bereits gute Leistungen vorweisen musst. Stipendien ermöglichen also eigentlich eher nur guten Studenten, noch besser zu werden, aber nicht schlechten Studenten überhaupt gut zu werden.

Neben guten Leistungen musst du für ein Stipendium auch erst einmal auf das Geld angewiesen sein. Das hört sich vielleicht komisch an, aber ein Student, der in einer Penthouse-Wohnung lebt, kann einfach kein Stipendium bekommen, weil er zu viel Geld besitzt oder verdient. Außerdem zählen oftmals neben guten Leistungen auch ehrenamtliches Engagement in der Gesellschaft beziehungsweise im sozialen Bereich, sowie Vereinsmitgliedschaften im karitativen Bereich. Wenn du dich nachweislich sozial engagierst, wirst du gegenüber einem anderen Studenten, der den ganzen Tag beispielsweise nur am Zocken ist, mit absoluter Wahrscheinlichkeit bevorzugt.

Wenn es um die Frage nach der Verträglichkeit eines Stipendiums mit BAföG geht, gibt es grundsätzlich dabei vier verschiedene Arten:

1. Das Stipendium wird nicht als Einkommen in die BAföG-Berechnung mit aufgenommen. (*Zweckgebundene Stipendien*)

2. Für das Stipendium gibt es einen Freibetrag in Höhe von 300,- Euro. (*Leistungsabhängige Stipendien*)

3. Das Stipendium wird prinzipiell als Einkommen angerechnet. (*Soziale Ausbildungsbeihilfen*)

4. Der Bezug des Stipendiums schließt den gleichzeitigen Bezug von BAföG definitiv aus. (*Stipendien der Begabtenförderungswerke*)

Der Grund für die unterschiedlichen Auswirkungen des Stipendiums auf deinen BAföG-Bezug ist, dass die letzten beiden genannten Stipendienarten ([3.] die soziale Ausbildungsbeihilfe und [4.] Stipendien der Begabtenförderungswerke) über den eingangs erwähnten Grundgedanken hinausgehen und quasi die gleiche Funktion übernehmen, wie das BAföG. Dieses ist bei den ersten beiden Kategorien ([1.] dem zweckgebundenen Stipendium und [2.] dem leistungsabhängigen Stipendium) nicht der Fall. Dazu muss ich aber auch erwähnen, dass [3.] und [4.] sehr viel höher ausfallen als [1.] und [2.].

Aber was ist eigentlich der Unterschied zwischen diesen verschiedenen Arten von Stipendien? Was sind ihre Merkmale?

Zu 1. *Zweckgebundene Stipendien* werden, wie man aus dem Namen ableiten kann, zu einem bestimmten Zweck vergeben. Dieses können Bücher- oder Reisekosten sein, die damit gedeckt werden sollen. Das ist von Stiftung zu Stiftung unterschiedlich und muss in jedem Einzelfall gesondert betrachtet werden.

Zu 2. *Leistungsabhängige Stipendien* sind genau das, was wir eingangs erwähnt haben. Hast du gute Leistungen und/oder bist sozial engagiert, kannst du dich für diese Art von Stipendium bewerben. Die Höhe dieser Stipendien ist hoch genug, um dich zusätzlich zum BAföG vom Arbeiten zu befreien, aber dennoch niedrig genug, um nicht vom BAföG abgezogen zu werden. Das wohl bekannteste Stipendium dieser Art ist das *Deutschlandstipendium*.

Zu 3. Das Thema *soziale Ausbildungsbeihilfen* ist in die eine Richtung sehr klein, weil es kaum etwas gibt außer die *Berufsausbildungsbeihilfe (BAB)*, aber in die andere Richtung sehr groß, weil die BAB sehr kompliziert in Bezug auf Studenten ist. Je nachdem gibt es die Möglichkeit in einem **Dualen Studium**, wenn es so gegliedert ist, dass der Großteil des praktischen Ausbildungsteils vor dem theoretischen Studienteil (und der

Immatrikulation) liegt, wodurch für „die Zeit der Ausbildung“ BAB in manchen Fällen erfolgreich beantragt werden kann. Dieses ist aber keine Regel und funktioniert auch nicht immer. Es ist nicht ganz einfach und sprengt den Rahmen dieses Buches. Aus diesem Grund bitte ich dich, falls du ein Duales Studium machst, informiere dich über BAB und welche Möglichkeiten du hast.

Wichtig für dich ist in diesem Fall, dass du dir die Nummer des dazugehörigen Gerichturteils aufschreibst:

Landessozialgericht Rheinland-Pfalz, Urteil vom 28.04.2016 - L 1 AL 84/14 -

Damit kannst du bei Schwierigkeiten beweisen, dass du im Recht bist.

Unter anderem haben wir hier einen interessanten Artikel für dich rausgesucht: [13]

Zu 1. *Stipendien der* dreizehn in Deutschland vorhandenen *Begabtenförderungswerke* werden an Studenten mit „herausragenden Leistungen“ vergeben. Was „herausragende Leistungen“ sind, ist mal wieder nicht leicht definierbar. Du musst aber nicht unbedingt einen Schnitt von „1 Komma Und“ haben! Deswegen bewirb dich einfach und du wirst sehen, ob es funktioniert oder nicht.

Die verschiedenen Begabtenförderungswerke legen ihr Augenmerk nämlich neben den guten Leistungen auch auf andere Kriterien. So fördert beispielsweise die Friedrich-Ebert-Stiftung e.V. besonders aufstrebende Studenten, die ihre Wurzeln in Entwicklungsländern haben. Informiere

[13] https://www.dgbrechtsschutz.de/recht/arbeitsrecht/azubis/themen/beitrag/ansicht/azubis/landessozialgericht-rheinland-pfalz-berufsausbildungsbeihilfeleistungen-auch-bei-dualem-studium-moeg/details/anzeige/

dich über den folgenden QR-Code[14] über die verschiedenen Begabtenförderungswerke sowie ihre Kriterien und bewirb dich bei denen, die gut zu dir und deiner Situation passen!

Was die Berechnung der Auszahlungshöhe angeht, so funktioniert sie ähnlich wie beim BAföG und kann während des Studiums maximal 752,- Euro im Monat betragen. Bewirbst du dich für ein Stipendium während deiner Dissertation (Doktorarbeit) beträgt diese in der Regel sogar 1.350,- Euro.

Es macht also in jedem Fall Sinn, dich zu informieren und dich für ein Stipendium deiner Wahl zu bewerben! Selbst wenn es „nur" 300,- Euro pro Monat (!) aus einem leistungsabhängigen Stipendium sind: 300,- Euro haben oder nicht haben macht für dich als Studenten pro Monat (!) einen sehr großen Unterschied!

Wohngeld

Diese finanzielle Leistung des Staates ist kein Almosen. Du darfst Wohngeld auch nicht so verstehen, als ob der Bezug von Wohngeld bedeuten würde, dass du faul seiest oder dein Leben nicht in den Griff bekommen würdest. Wohngeld ist das Recht jedes deutschen Bürgers und unterstützt dich bei der Bewältigung deiner Wohn- beziehungsweise Mietkosten, wenn du die Voraussetzungen für die Bewilligung erfüllst. Denke auch immer daran – du zahlst schließlich auch Steuern: Und zwar auf jeden Euro, den du ausgibst, fast ein Fünftel extra. Außerdem wirst du später wahrscheinlich zu der gut verdienenden Bevölkerungsschicht gehören, die gut und gerne mal 40 % ihres Einkommens zu

[14] https://studieren.de/stipendien.0.html

versteuern hat. Es ist also nichts Falsches daran, wenn du Gelder vom Staat in Anspruch nimmst, sondern dein gutes Recht...

Wenn du alleine wohnst und BAföG beziehst, hast du keinen Anspruch auf Wohngeld, da im BAföG bereits deine Ausgaben für deinen Wohnraum pauschal mit 325,- Euro enthalten sind. Damit ist der Sinn und Zweck des Wohngeldes bereits abgedeckt, weshalb dir dieses dann nicht gewährt werden kann.

Wenn du jedoch mit mehreren Personen zusammenwohnst – und mit ihnen **keine WG** bildest – sieht das Ganze schon etwas anders aus. Das Amt, welches für das Wohngeld zuständig ist, betrachtet euch in dieser Situation nämlich als Wohn- beziehungsweise Bedarfsgemeinschaft.

In so einem Fall werden in der Berechnung des Wohngeldes alle Einkünfte aller Mitglieder eurer Wohngemeinschaft betrachtet. Sind sie insgesamt zwar hoch genug, um euren Lebensunterhalt zu bestreiten, aber zu niedrig, um zumindest rechnerisch eure Wohnkosten zu decken (und nicht alle Mitglieder eurer Bedarfsgemeinschaft bereits Bezüge, die die Wohnkosten abdecken, erhalten), so seid ihr in der Lage, Wohngeld zu beziehen.

Dass alle Mitglieder eurer Wohn- beziehungsweise Bedarfs-gemeinschaft Bezüge erhalten, die die Wohnkosten bereits einschließen, ist beispielsweise dann der Fall, wenn du mit deinem Bruder oder deiner Schwester zusammenwohnst, ihr beide studiert und ihr beide BAföG bekommt. Oder der eine bekommt BAföG und der andere erhält Arbeitslosengeld (ALG) I oder II.

Ist es jedoch so, dass du schon etwas älter bist, verheiratet bist und ein oder sogar mehrere Kinder hast, sieht das Ganze schon wieder vollkommen anders aus: Du und dein Ehepartner bekommt BAföG, aber euer Kind/eure Kinder nicht. Aus diesem Grund seid ihr wieder wohngeldberechtigt.

Gleiches gilt auch für die folgende Konstellation: Der eine studiert und erhält BAföG und der andere hat gerade seine Ausbildung abgeschlossen und arbeitet als Geselle in einem Unternehmen. Auch hier habt ihr als Wohngemeinschaft Anspruch auf Wohngeld.

Schwieriger würde es bei dem Fall werden, wenn der eine studiert und BAföG bekommt und der andere steckt noch mitten in seiner Ausbildung. Hier fällt Wohngeld leider wieder weg, weil derjenige, der sich in seiner Ausbildung befindet, die vor Kurzem erwähnte *Bundesausbildungsbeihilfe (BAB)* beantragen kann.

Es ist also ein sehr vielschichtiges und auch etwas umständliches Thema. Ich kann dir nur von Herzen raten: Betrachte deine Situation, informiere dich vorab, ob deine Wohngemeinschaft Anspruch auf Wohngeld hat; Und wenn ja, dann stellt einfach einen Antrag beim zuständigen Amt eurer Stadt! Wenn dieser abgelehnt wird, dann ist das so, aber wenn dieser bewilligt wird, kann euch das wieder einige hundert Euro pro Monat (!) sichern.

Bezüglich des Themas „Wohnen" gibt es auch noch den sogenannten *Wohnberechtigungsschein (WBS)*. Dieser ermöglicht dir, in einer Wohnung einzuziehen, bei der die Miete in Teilen vom Staat, vom Land oder von der Kommune übernommen wird. Oft wird diese Art von Wohnung als „Sozialwohnung" bezeichnet und man könnte vielleicht eher davon abgeneigt sein – einfach wegen der Bezeichnung – in eine solche Wohnung zu ziehen.

Wir können dir aber aus Erfahrung sagen, dass du dich allein vom Namen her nicht abschrecken lassen solltest. Es kommt wirklich ganz auf die Gegend an, in die du ziehst. Es kann tatsächlich sein, dass dann auf einmal nur noch „Asis" um dich herum sind, aber genauso kann es auch sein, dass du viele junge und sehr nette Familien mit Kindern und entspannte alte Leute um dich herum hast.

Wir können dir wirklich nur empfehlen: Beantrage den Wohnberechtigungsschein und schau dir die Gegenden an, in denen du sogenannte „WBS-berechtigte" Wohnungen findest. Selbst wenn dir nichts zusagen sollte – was ich für sehr unwahrscheinlich halte – musst du nicht in eine WBS-berechtigte Wohnung ziehen, sondern kannst dir auch einfach eine ganz normale Wohnung suchen!

Der glasklare Vorteil liegt jedoch auf der Hand: Du zahlst bei einer solchen geförderten Wohnung weniger für deine Quadratmeter als jemand anderes. Auf diese Weise hast du geringere Kosten bei einem höheren Lebensstandard.

Es ist klar, dass eine einzelne Person weniger Fläche benötigt als eine drei- oder vierköpfige Familie. Deswegen wird dir für deine Situation ein WBS für eine entsprechend große Wohnung ausgestellt. Du kannst deine beanspruchbaren Quadratmeter allerdings beeinflussen! Wenn du nachweist, dass eine Schwangerschaft vorliegt oder du und dein*e Partner*in ein „junges Ehepaar" seid, steht euch eine größere Wohnung zu, als wenn ihr einfach so als zweiköpfige Familie eine Wohnung suchen würdet.

Probiere es einfach aus! Wenn du den Wohnberechtigungsschein in der Hand hältst und den Mietvertrag für eine entsprechende Wohnung unterschreibst, ist das ein sehr guter Schritt, um einiges an Geld zu sparen.

Kindergeld

Das Kindergeld wird von der Familienkasse, einer Untereinheit der Bundesagentur für Arbeit, ausgezahlt und dient per Definition der minimalen Existenzsicherung des Kindes. Grundsätzlich erhalten Familien für ihr Kind bis zum 18. Lebensjahr Kindergeld, bei einem arbeitslosen Kind bis zum 21. Lebensjahr und bei einem Kind in der Ausbildung oder im Studium bis zur Altersgrenze von 25 Jahren.

Da das Kindergeld, welches deine Eltern vielleicht noch für dich bekommen, weil du studierst und unter 25 bist, prinzipiell deiner Versorgung dient, sollte dich dieses Geld auch irgendwie erreichen. Sei es, dass deine Eltern dir immer wieder etwas in die Tasche stecken oder dir ab und zu etwas spendieren. Sollte das jedoch nicht der Fall sein, kannst du sie einfach mal ganz lieb ansprechen, ob sie dir das Kindergeld, was sie für dich bekommen, monatlich überweisen können. Denn letztlich ist es kein Taschengeld für sie, was sie zur Seite legen und für den Urlaub ansparen können, sondern es ist für deine existenzielle Versorgung gedacht…

Es klingt sehr simpel – ist es auch eigentlich – aber 219,- Euro im Monat mehr zu haben ist eine große Erleichterung für dich. Und wenn deine Eltern ohnehin keinen Unterhalt und auch nichts anderes für dich bezahlen, dann sollte darin eigentlich auch kein Problem liegen.

Falls du selbst Kinder bekommen solltest, ist es wichtig, dich umgehend innerhalb des Monates der Geburt bei der Familienkasse zu melden und Kindergeld zu beantragen. Sollte der Kindergeldbescheid erst in einem der darauffolgenden Monate ausgestellt werden, bekommst du ab dem Monat der Antragstellung dennoch das Kindergeld in Form einer Nachzahlung.

Solltest du bereits Kinder haben und hast für sie noch kein Kindergeld beantragt, ist es jetzt allerhöchste Zeit dafür!

Ein weiterer Zuständigkeitsbereich der Familienkasse ist der sogenannte *Kinderzuschlag*. Für diesen muss ein gesonderter Antrag gestellt werden, welcher allerdings nur für eine Laufzeit von 6 Monaten befristet ist. Daraufhin muss dieser Antrag erneut gestellt werden.

Grundsätzlich kann jede Familie, deren Einkommen nicht für die Versorgung der Familie ausreicht, Kinderzuschlag erhalten. Weitere Voraussetzungen dafür sind, dass einem als Paar mindestens 900,- Euro oder als Alleinerziehender 600,- Euro monatlich als Bruttoeinkommen zur Verfügung stehen, sowie dass der Unterhalt zusammen mit dem Kinderzuschlag und gegebenenfalls Wohngeld abgedeckt ist.

Auch hier lohnt es sich auf jeden Fall, wenn du ein Kind oder mehrere Kinder haben solltest, Kinderzuschlag schnellstmöglich zu beantragen!

Arbeiten an deiner Hochschule

In der Regel gibt es an jeder Hochschule Stellenausschreibungen für Jobs. Manche mögen Minijobs sein, wie eine studentische Tätigkeit in der Verwaltung, an der Information oder als Studentische Hilfskraft, und manche sind auf Teil- oder sogar Vollzeitbasis angelegt, wie Tätigkeiten im Wachdienst oder in der Verwaltung, die nicht einfach für irgendeinen Studenten gedacht sind, sondern (zumindest teilweise) eine Ausbildung im jeweiligen Sektor voraussetzen.

Wichtig für dich, besonders wenn du BAföG beziehst, sind hierbei vor allem die studentischen Minijobs. Sie überschreiten die Einkommensgrenze von 450,- Euro im Monat nicht, wodurch sie die Höhe deines BAföGs nicht mindern.

Dabei gibt es verschiedene Bereiche an der Hochschule, wo studentische Minijobs angeboten werden. Es kann sich um einen Minijob an der Information oder in der Bibliothek handeln oder aber auch, was ich am besten finde, als *Studentische Hilfskraft (SHK).*

Den Minijob als Studentische Hilfskraft finde ich aus dem Grund am besten, weil du hier **in deinem Fach** ca. 8 Stunden pro Woche arbeitest, somit jede Woche auch 8 Stunden mehr Lernen und zusätzlich einen Forschungs- und Praxisbezug hast. Das ist für dich in jeglicher Hinsicht ein großer Gewinn! Und dass du dafür auch noch bezahlt wirst, ist die absolute Krönung!

Dieses fachbezogene Arbeiten fällt bei den meisten anderen Tätigkeiten an deiner Hochschule leider weg, was die Tätigkeit als Studentische Hilfskraft (SHK) natürlich immens hervorhebt.

Verständlicherweise gibt es den Minijob als SHK nicht wie Sand am Meer und aufgrund dessen Vorzüge bist du nicht der Einzige, der als Studentische Hilfskraft arbeiten will. Wenn du dich jedoch für ein Modul begeisterst, gut in diesem bist, dich gut verkaufen kannst und dem Dozenten häufig sehr positiv auffällst, dann stehen deine Chancen gut, um als Studentische Hilfskraft eingestellt zu werden. Je nachdem kann es sogar passieren, dass der Dozent auf dich zu kommt… Kein Scherz! Wir sprechen da aus Erfahrung!

Beherzige diese Tipps und bemühe dich um eine Stelle als Studentische Hilfskraft in dem Fach, was dir am meisten Freude bereitet! Das wird für dich die leichteste und in jeglicher Hinsicht auch profitabelste Arbeit sein!

Falls du nicht als Studentische Hilfskraft eingestellt werden solltest, lasse dich nicht unterkriegen und versuche es in den kommenden Semestern immer wieder, bis es klappt! Deine Hartnäckigkeit wird dem Dozenten im Kopf bleiben!

Bis es dann endlich funktioniert, liegt aber natürlich auch nichts Schlechtes in einem anderen studentischen Minijob an deiner Hochschule. Er ist dann einfach nur ein Job für dich, aber der Vorteil ist in jedem Fall der kurze Arbeitsweg. Während andere durch die halbe Stadt zu ihrer Arbeit fahren müssen, kannst du einfach kurz über den Campus schlendern und bist da. Falls du danach noch eine Vorlesung haben solltest, wäre das dementsprechend auch gar kein Problem.

Wenn du arbeiten gehen musst, weil beispielsweise dein BAföG allein nicht ausreicht, dann bietet es sich auf jeden Fall an, einen Minijob an deiner Hochschule wahrzunehmen. Im Idealfalle als Studentische Hilfskraft in deiner Fachrichtung, aber wenn das nicht klappt, dann einfach ein anderer Minijob an der Hochschule, bis es als SHK klappt.

Arbeiten außerhalb deiner Hochschule

Ebenso wie innerhalb deiner Hochschule gibt es auch außerhalb Arbeitsplätze, an denen du als Student sowohl mit Bezug zu deinem Studienfach als auch ohne Bezug zu diesem arbeiten kannst.

Ein gutes Beispiel, um dieses zu verdeutlichen, ist die Arbeit in einem Ingenieurbüro. Wenn du beispielsweise Bauingenieurwesen studierst und dich nicht gerade im ersten Semester befindest, sondern schon etwas weiter bist und einen Teil des Fachwissens erworben hast, kannst du dich in einem Ingenieurbüro für einen studentischen Minijob bewerben.

Solche Büros gibt es natürlich nicht für jedes Studienfach, aber informiere dich einfach im Internet, an deiner Hochschule und bei deinen Kommilitonen über Möglichkeiten, um mit Bezug zu deinem Studienfach außerhalb deiner Hochschule auf Minijobbasis zu arbeiten.

Es ist oftmals möglich und kann eine schöne Alternative zu der Tätigkeit als Studentische Hilfskraft sein. Der einzige Nachteil ist oftmals nur der Arbeitsweg. Je nachdem, wie deine Vorlesungen getaktet sind, kann das eine Herausforderung werden – aber auch diese wirst du mit Bravour meistern!

Darüber hinaus gibt es noch Tätigkeiten, die du komplett ohne Bezug zu deinem Fach ausüben kannst und keine Ausbildung dafür benötigst. Ein Freund ist beispielsweise während seines Studiums Elektroautos testgefahren und hat nach jeder Fahrt, die zwei bis zweieinhalb Stunden dauerte, ein Formular ausgefüllt und Protokoll geführt. Auch wenn es, wie dieses Beispiel zeigt, Jobs gibt, die nichts mit deinem Fach zu tun haben und sehr aufregend sein können, bringen sie dich aber dennoch leider nicht in deinem Studium weiter.

Wenn es aber sein muss, weil du nichts anderes findest, kannst du im Internet auf verschiedenen Seiten nach Jobs suchen. Es ist nicht bekannt, dass es im Bereich der Jobvermittlung betrügerische Seiten gäbe, die deine Daten ausnutzen oder dir irgendetwas vorspielen. Du kannst also einfach mal ganz getrost auf Minijob-Suche gehen. Manchmal gibt es aber auch in Hochschulen Ausschreibungen für Minijobs wie Baby- oder Housesitting. Schau und hör dich einfach mal um!

Eine weitere Möglichkeit ist die *Selbstständigkeit*. Wenn du dich selbstständig machst, kannst du ganz frei mit Waren handeln oder Dienstleistungen anbieten. Je nachdem musst du nur schauen, was das, wofür du dich entscheidest, voraussetzt. Manche Tätigkeiten bedürfen einer vorigen Gewerbeanmeldung bei der Stadt. Bei anderen wiederum ist eine Anmeldung beim Finanzamt über das Online-Portal elster.de vollkommen ausreichend. Ein kurzer Anruf beim Gewerbeamt deiner Stadt kann dir schon nützliche Auskünfte geben.

Einen ganz großen Aufschwung hat zurzeit der Online-Handel (E-Commerce), besonders über Amazon. Dort gibt es die Möglichkeit, Waren herstellen zu lassen, zu Amazon ins Lager zu schicken und dann von Amazon versenden zu lassen. Du selbst hast abgesehen von der Organisation (außer am Anfang) idealerweise kaum Arbeit und kassierst monatlich deine Gewinne. Diese Methode heißt Amazon FBA. Dieses Thema füllt ganze Bücher, weshalb ich an dieser Stelle nicht noch näher darauf eingehen kann. Aber wenn es dich interessiert, dann informiere dich einfach und probiere es aus.

Der Online-Handel ist aber nicht der einzige Bereich, in dem du sich selbstständig machen kannst. Es gibt unzählige Möglichkeiten! Quasi alles, was dir in den Sinn kommt. Selbst wenn du die Idee hättest, eine Bäckerei aufzumachen, bräuchtest du nur einen Bäckermeister einzustellen und schon kann es losgehen!

Natürlich ist dieses Beispiel etwas ungünstig, weil du als Vollzeitstudent keine Zeit hast, um dich um eine Bäckerei zu kümmern. Es sollte dir einfach nur zeigen, dass dir prinzipiell keine Grenzen gesetzt sind.

Wenn du beispielsweise Sprachen studierst, egal ob Deutsch, Englisch oder eine andere Fremdsprache, bietet es sich beispielsweise auch an, dich im Bereich von Übersetzungen und/oder Lektoraten selbstständig zu machen. Dir stehen alle Türen offen! Du kannst auch einfach als Texter arbeiten. Es ist eine leichte und nicht sehr risikobehaftete Tätigkeit. Im Internet gibt es viele Angebote und Plattformen für Texter.

Und das Gute an der Selbstständigkeit im Allgemeinen ist, dass wenn du dem BAföG-Amt klar machst, dass du die Grenze von 450,- Euro im Monat nicht übersteigst, hast du auch mit deinem BAföG-Bezug kein Problem.

Wenn du dir vorstellen kannst, dich selbstständig zu machen und du ein paar gute Einfälle hast, dann informiere dich, schmiede einen Plan und verfolge ihn! Falls das nichts für dich ist, es gibt genügend andere Möglichkeiten, Geld zu verdienen, die wir bereits zuvor erläutert haben.

Abschließend zu diesem Exkurs wünschen wir dir

in Bezug auf die Finanzierung deines Studiums:

Viel Erfolg und alles Gute!

Wir hoffen sehr, dass dir

die Informationen und Tipps

weiterhelfen und dir eine

große Erleichterung

geben werden.

Exkurs 5: Studieren mit Kind

Wenn du während deines Studiums Kinder bekommst oder vielleicht sogar mit Kindern in dein Studium einsteigst, stehst du erst mal vor einer großen Herausforderung. Diese Herausforderung besteht sowohl in deinem Zeitmanagement als auch in der Finanzierung deines Studiums. Es ist vielleicht manchmal nicht ganz so einfach, deine Zeit so aufzuteilen, dass du genügend Vorlesungen besuchen und ausreichend lernen kannst, sodass sich dein Studium nicht wie Kaugummi in die Länge zieht, aber genauso auch für dein Kind da zu sein, damit es nicht zu kurz kommt – es ist ja schließlich dein Kind...

Wenn du bereits mit einem Kind (oder auch mit mehreren Kindern) ins Studium einsteigen willst, bietet sich vielleicht ein Teilzeit- oder Fernstudium für dich an. Wenn du dich aber für ein Vollzeitstudium entscheidest oder dich bereits mittendrin befindest, wirst du auch das bewältigen können! Denn sehr viele Hochschulen sind familienfreundlich, haben extra Beratungsstellen für studierende Eltern, wo du in jeder Lebenslage Hilfe bekommen kannst, und oftmals auch mindestens eine hochschuleigene Kindertagesstädte auf dem Campusgelände, wo du dein(e) Kind(er) anmelden kannst. Das alles erleichtert dir schon einiges!

Neben den im vierten Exkurs erwähnten Geldern wie Wohngeld, Kindergeld oder Kinderzuschlag, die zusätzlich zum BAföG anrechnungsfrei bezogen werden können, ist das BAföG selbst ebenso eine weitere große Erleichterung! Dieses kann dir als studierender Vater oder studierende Mutter nämlich über die Regelstudienzeit hinaus pro Lebensjahr(en) eures Kindes verlängert werden. Für (werdende) Mütter sogar für die Zeit der Schwangerschaft!

Entsprechend § 15 Abs. 3 Nr. 5 BAföG wird dein BAföG-Bezug folgendermaßen [für deine Schwangerschaft ♀ und] pro Lebensjahr(en) deines Kindes verlängert:

- für die Schwangerschaft: 1 Semester
- bis zur Vollendung des 5. Lebensjahres des Kindes: jeweils 1 Semester pro Lebensjahr
- für das 6. und 7. Lebensjahr des Kindes: insgesamt 1 Semester
- für das 8. bis 10. Lebensjahr des Kindes: insgesamt 1 Semester

- für das 11. bis 14. Lebensjahr des Kindes: insgesamt 1 Semester

Ebenso erhöht sich für Eltern der BAföG-Satz um den sogenannten *Kinderbetreuungszuschlag* in Höhe von 150,- Euro, solange das Kind das Alter von 14 Jahren nicht vollendet hat. Ebenso erhöhen sich pro Kind wie auch im Falle einer Eheschließung die Freibeträge sowohl in puncto Vermögen als auch in Hinsicht auf euer gemeinsames Einkommen.

Wenn wir mal so darüber nachdenken, sind diese ganzen Erleichterungen, finanziellen Unterstützungen und erhöhten Freibeträge gar nicht mal so überraschend. Denn nach Absatz 1 des 6. Artikels des deutschen Grundgesetzes „[stehen] Ehe und Familie […] unter dem besonderen Schutze der staatlichen Ordnung." Aus diesem Grund brauchst du dir eigentlich gar keine Sorgen zu machen. Du wirst genügend Hilfen bekommen! Sowohl von deiner Hochschule als auch von den verschiedenen Ämtern.

Aus diesem Grund gibt es auch das Mutterschutzgesetz (MuSchG)! Dieses schützt Mütter und ihre Kinder und soll ihre gesundheitliche Unversehrtheit während der Schwangerschaft, unmittelbar nach der Entbindung sowie während der Stillzeit sicherstellen.

Ganz konkret bedeutet dies, dass eine Schwangere beziehungsweise junge Mutter sechs Wochen vor der Entbindung und **mindestens** acht Wochen nach der Entbindung Erleichterungen für ihr Studium erhält. Diese Erleichterungen äußern sich

1. darin, dass sie während dieser Schutzzeit von eigentlich verpflichteten Veranstaltungen freigestellt ist,
2. einen Anspruch auf einen sogenannten *Nachteilsausgleich* (d. h. Ersatzleistungen für beispielsweise Laborübungen oder Praktika) während dieser Schutzzeit hat und
3. sich auch außerhalb dieser geschützten Zeit während der gesamten Schwangerschaft und Stillzeit für damit verbundene ärztliche Untersuchungen ebenfalls von eigentlich verpflichteten Veranstaltungen freistellen lassen kann.

Aus diesem Grund ist es sinnvoll, deine Schwangerschaft ♀ ab dem Punkt, ab dem du von dieser weißt, deiner Hochschule zu melden. Dies funktioniert wie so oft in der deutschen Bürokratie normalerweise über ein vorgefertigtes Formular. Dieses findest du auf der Seite deiner Hochschule. Solch private Informationen wie eine Schwangerschaft müssen natürlich nicht in die Welt hinausposaunt werden, aber nur auf diese Weise kannst du als Schwangere vom Mutterschutz Gebrauch machen! Deine Angaben werden auch streng vertraulich behandelt und du brauchst keine Sorgen zu haben, dass damit irgendjemand irgendetwas anstellen könnte. Informiere dich nur, an wen deine Hochschule verpflichtet ist, diese weiterzugeben. In den häufigsten Fällen ist das aber nur die Bezirksregierung und wenige spezielle hochschulinterne Bereiche.

Des Weiteren wird sich die entsprechende Abteilung um dich kümmern, was deinen Schutz und den deines noch ungeboren Kindes betrifft. So wird an den meisten Hochschulen eine *Gefährdungsbeurteilung* gemacht, anhand der entsprechende Schutzmaßnahmen für euch vorgenommen werden können. Gemeint ist, dass gewisse Situationen in Praktika, Feld- oder Laborübungen etc. an sich sowie der Umgang mit Bio- oder Gefahrenstoffen negative Auswirkungen auf eure Gesundheit haben könnten, weshalb du davor geschützt werden sollst.

Aus diesem Grund ist es wirklich sehr ratsam, dich frühestmöglich bei deiner Hochschule als schwanger zu melden und die Angebote der entsprechenden Abteilungen im Rahmen des Mutterschutzes und der Beratungen wahrzunehmen.

Und zu guter Letzt: Falls es deine/eure Situation erfordert und ihr wirklich nichts gebacken kriegt, gibt es sogar die Möglichkeit, dein Studium in Form eines Urlaubssemesters zu pausieren, den BAföG-Bezug auszusetzen und für die Zeit der Studienpause Arbeitslosengeld (ALG) II zu beziehen. Es kann zwar manchmal etwas mühselig und nervenaufreibend sein, aber versucht einfach alles auf die leichte Schulter zu nehmen – ihr werdet das Schiff schon schaukeln!

TEIL 2

Das Lernen

Clevere Lerntechniken für jeden Studiengang

Das Lernen im Allgemeinen

Wie lernst du am besten und gibt es eigentlich schlaue Lerntechniken, die dir das Lernen vereinfachen können? Mit diesen Fragen und vielem mehr beschäftigen wir uns in diesem zweiten Teil des Buches.

Zuallererst müssen wir verstehen, wie unser Gehirn und somit das Lernen überhaupt funktioniert. Unser Gehirn besteht aus ca. 100 Milliarden *Nervenzellen (Sg.: Neuron; Pl.: Neurone)*. Das entspricht in etwa der Anzahl der Sterne in unserer Galaxie, der Milchstraße.[15] Jedes Neuron ist mit weiteren Zehntausenden Neuronen über Schnittstellen, den sogenannten *Synapsen*, verbunden.

Wenn nun ein Sinnesorgan wie beispielsweise das Auge oder das Ohr einen Reiz aussendet, wird dieser über die Nervenbahnen, die aus genau den gleichen Neuronen bestehen wie das Gehirn, weitergeleitet. Diese Weiterleitung erfolgt innerhalb der Zelle über einen quasi elektrischen Impuls[16] und an den Synapsen über einen biochemischen Vorgang.

An dieser Stelle könnte man berechtigterweise fragen, weshalb es Sinn macht, dass es zwischen den Nervenzellen überhaupt diese Zwischenstation „Synapse“ gibt und der elektrische Reiz nicht einfach direkt ohne biochemische Vermittlung weitergeleitet wird. Die Antwort auf diese Frage ist die Funktion der Synapse.

Die Synapse kann ausgebaut werden, indem sie sich verdickt oder weitere Zweige bekommt. Genauso kann sie aber auch abgebaut werden, indem sie kleiner wird oder sogar verkümmert. Diese Veränderung der synaptischen Verbindungen ist genau das, was sowohl das *Neu-* als auch das *Umlernen* ausmacht. Wird eine Verbindung (durch Wiederholen beim Neulernen) immer wieder genutzt, wird die Synapse ausgebaut und es entsteht eine viel bessere Informations- beziehungsweise Reizübertragung. Auf diese Weise wird das Gelernte fester und du kannst es besser abrufen, also anwenden oder

[15] „Das Gehirn“. Max Plank Gesellschaft. Zugang am 02.09.2021 via https://www.mpg.de/gehirn

[16] Wir bezeichnen den Vorgang an dieser Stelle nur simplifiziert als „elektrischen Impuls“. Um genauer zu sein, geht es aber nicht um einen rein physikalischen Prozess wie in der Elektrik oder Elektronik, sondern wieder um einen biochemischen Prozess mit einem sogenannten *Ruhe-* und *Aktionspotenzial,* die von Ionen um die Nervenzelle herum beeinflusst werden. Den genauen Prozess ersparen wir uns aber an dieser Stelle, da er nichts zur eigentlichen Sache beiträgt. Dies soll nebenbei nur erwähnt sein, um fachlich korrekt zu bleiben.

wiedergeben. Somit sind **häufige Wiederholungen** der erste wichtige Aspekt zum Lernerfolg.

Und was das Umlernen angeht, so sind Menschen, die früher einmal sehen konnten, jedoch nach einiger Zeit erblindeten, ein sehr gutes Beispiel hierfür. Denn die Nerven und Gehirnareale, die vorher für das Sehen zuständig waren, werden durch das Umlernen umfunktioniert. So werden allgemein alle anderen Sinne ausgebaut, aber besonders der Tastsinn. Die bekannte Blindenschrift funktioniert über das Tasten. Ganz besonders dieser Sinn ist bei Blinden sehr viel stärker ausgeprägt als bei Sehenden. Alles nur möglich, aufgrund der Synapsen.

Darüber hinaus verfügen wir Menschen über drei verschiedene Gedächtnisarten, die wir beim Lernen bemühen. Das sind [1.] das *Ultrakurzzeitgedächtnis*, [2.] das *Kurzzeitgedächtnis* und [3.] das *Langzeitgedächtnis*.

1. Bezüglich des Ultrakurzzeitgedächtnisses ist es so, dass die gesamte in das Gehirn eingegangene Fülle an Informationen – seien es Temperaturwahrnehmungen, Gehörtes oder Gesehenes – in diesem maximal für 2 Sekunden gespeichert wird. In diesen 2 Sekunden werden die Informationen bewertet, wie relevant sie für einen sind. Alles Irrelevante wird vergessen und alles Relevante gelangt zur nächsten Station.

2. Der nächste Halt ist das eigentliche Kurzzeitgedächtnis. Hier werden maximal die eingegangenen Informationen der vergangenen 20 Minuten gespeichert. Das wird noch sehr wichtig werden, wenn wir uns den Lerntechniken zuwenden! Nur durch erneutes Wiederholen gelangt die jeweilige Information hindurch ins Langzeitgedächtnis.

3. Hier wirkt genau das, was wir bereits bezüglich der allgemeinen Funktionsweise der Neuronen und Synapsen kennengelernt haben. Aufgrund der Wiederholung werden die synaptischen Verbindungen erweitert, indem sie zum einen dicker werden und sich zum anderen stärker verzweigen.

Du kannst dir die Neurone bildlich wie einen Trampelpfad vorstellen. Je häufiger Menschen (in unserem Falle Reize) auf ihm gehen, desto weniger Pflanzen wachsen auf ihm und er wird breiter, bis wir von einem Weg sprechen können. Und wenn dann noch mehr Menschen (Reize) diesen Weg benutzen, muss dieser zu einer Straße ausgebaut werden. Und je mehr Spuren die Straße

[Autobahn] hat, desto mehr Menschen (Reize) können sie benutzen und desto schneller kommen sie an ihrem Ziel an.

Zusammenfassend können wir vorab schon einmal erwähnen, dass du Information häufig, aber dafür kurz aufnehmen solltest – Stichwort „Wiederholung“. Ein weiterer Aspekt ist, dass du sie über möglichst viele *Kanäle* aufnehmen solltest. Aber was meinen wir jetzt mit diesen „Kanälen“?

Die Kanäle beschreiben den Weg, über den die Information zu unserem Gehirn gelangt. Prinzipiell kann das über das Auge laufen, über das Ohr oder genauso auch über alle anderen Sinnesorgane. Am effektivsten sind jedoch die vier, die auch die vier verschiedenen *Lerntypen* definieren: [1.] das Auge (visuell), [2.] die Ohren (auditiv), [3.] die Hände (motorisch) und [4.] der Mund (kommunikativ):

1. Visuell: Der visuelle Lerntyp lernt am besten über das Sehen. Kannst du dir Dinge am besten merken, nachdem du sie gelesen oder in einer Mindmap gesehen hast, bist du von diesem Typ.

2. Auditiv: Diese Kategorie bezeichnet denjenigen, der am besten durch das Hören lernen kann. Sitzt du in der Vorlesung und hörst aufmerksam zu und hast bereits einen Großteil von dem, was der Dozent erklärt hat, im Kopf, so bist du ein auditiver Lerntyp.

3. Motorisch: Beim motorischen Lernen geht es vor allem darum, dass du aktiv etwas mit deinen Händen machst wie beispielsweise dass du an Labor- oder Feldübungen teilnimmst. Kannst du durch die praktische Anwendung von Wissen, selbst wenn du es bis zu dem Zeitpunkt noch nicht wusstest, dieses am besten lernen, verstehen und verinnerlichen, so gehörst du zu diesem Lerntyp. In diesem Falle bietet es sich an, dass du dich für eine Stelle als Werkstudent oder Studentische Hilfskraft an deiner Hochschule bewirbst, da du auf diese Weise deinem Lerntyp am meisten gerecht wirst, als nur durch die paar wenigen Praktika während deines gesamten Studiums allein.

4. Kommunikativ: Lernst du am besten, wenn du dich mit Kollegen zu zweit oder einer Gruppe über eure Themen unterhaltet? Kommt gerade dann der AHA-Moment? Dann ist die Kommunikation der beste Weg für dich, um zu lernen. Apropos! Im weiteren Verlauf des Buches werden wir das Thema „Gruppenarbeiten“ noch intensiver behandeln.

Außerdem sind deine Dozenten in der Hochschule nicht Experten in ihrem Fach geworden, weil sie ihre Doktorarbeit geschrieben haben, sondern weil sie ihr Fach lehren. Diese Vermittlung des Gelernten, unabhängig davon, ob sie auf mündlicher oder schriftlicher Ebene stattfindet, ist grundsätzlich eine der besten Arten, um zu lernen. Manche haben jedoch eine „Begabung“ darin, anderen Menschen etwas zu erklären, und andere wiederum nicht.

Wenn du am besten in der Gruppe lernen kannst oder dir schon oft gesagt wurde, dass du gut erklären kannst, so bist du mit großer Wahrscheinlichkeit von diesem Lerntyp. Sollte dieses für dich zutreffen, empfiehlt es sich, dass du dich für eine Stelle als Tutor an deiner Hochschule bewirbst, denn so kommst du der für dich bestmöglichen Art und Weise, wie du lernen kannst, nach und hilfst dabei noch anderen.

Vorab kann ich dir schon einmal ganz allgemein und unabhängig von diversen Lerntechniken sagen, dass das effektivste Lernen das ist, bei dem du auf eine möglichst vielseitige Weise alle vier Lerntypen über ganz unterschiedliche Sinnesorgane in Anspruch nimmst, um dir neues Wissen anzueignen.

Beispielsweise hörst du in der Vorlesung deinem Dozenten zu [auditiv] und machst dir dazu Notizen [motorisch]. Im Anschluss unterhältst du dich noch kurz mit Kollegen über das Thema [kommunikativ] und gehst dann zu Hause das Skript und deine Notizen noch einmal durch [optisch]. Wenn du auf diese Art und Weise deinen Umgang mit deinen Vorlesungen gestaltest, hast du mindestens schon die halbe Miete für die Klausur. Und das restliche Lernen ist dann nur noch vergleichsweise wenig!

Aber was deinen speziellen Fall angeht, macht es großen Sinn, an dieser Stelle einmal festzuhalten, welcher Lerntyp du bist. Vielleicht hast du das ja bereits allein anhand der Beschreibungen feststellen können, weil du dich sofort wiedergefunden hast, aber vielleicht scheint dir das auch noch nicht ganz so eindeutig zu sein. Für diesen Fall ist hier ein QR-Code[17] zu einem Lerntypentest, der dir dabei helfen soll, Klarheit darüber zu erlangen:

[17] https://www.philognosie.net/lerntypen/lerntypen-test-welcher-lerntyp-bin-ich

Schreibe hier auf, von welchem Lerntyp du bist:

____

Gruppenlernen

Eine Möglichkeit, um alle Lerntypen miteinander zu kombinieren, ist das Gruppenlernen. Hier *siehst* du, was du oder deine Lernkollegen in euren Unterlagen und Büchern stehen habt, du *hörst*, was sie bezüglich des Themas sagen, ihr *erstellt* gemeinsame Lernmaterialien oder *löst* zusammen Aufgaben und *diskutiert* im Anschluss darüber. Durch ein solches Gruppenlernen kannst du besonders gut Themen, die du in den Vorlesungen überhaupt nicht verstanden hast, aufarbeiten und einüben, bis du sie vollständig beherrschst.

Genau weil diese Art zu Lernen so effektiv ist, haben die meisten Hochschulen dafür extra Lernräume, in denen ihr euch treffen könnt, um miteinander zu lernen. Auch wenn in der Praxis viele Studenten in der Bibliothek als Gruppe lernen und leise miteinander sprechen, raten wir dir davon ab, weil ihr dort oft die anderen Studenten stört, selbst wenn ihr nur leise miteinander sprecht. Die Bibliothek ist für Einzelarbeit, aber nicht für Gruppenarbeiten geeignet.

Dann stellt sich noch die Frage, wie sich eine optimale Lerngruppe zusammensetzt. Zuallererst sollte die Gruppe nicht zu groß sein, denn ansonsten kommt die aktive Mitarbeit der einzelnen Teilnehmer zu kurz, wodurch sich der Lernerfolg des Einzelnen schmälert. Erfahrungsgemäß sind 3 bis 5 Personen pro Lerngruppe optimal. Diese Gruppe sollte aber nicht unbedingt aus deinem engsten Freundeskreis bestehen, außer ihr seid sehr diszipliniert. Natürlich müsst ihr miteinander klarkommen und solltet auch eine gewisse Freude beim gemeinsamen Lernen haben, aber von der Idee her seid ihr vor allem eine

LERNgruppe! Es kann oftmals sehr kontraproduktiv sein, dich mit deinem besten Freund in einer **Lern**gruppe zusammenzutun, denn dann sprecht ihr sehr schnell über die Pläne fürs Wochenende oder erzählt euch lustige Geschichten. Das könnt ihr natürlich ohne Probleme in eurer Freizeit machen, aber das ist nicht die Idee hinter einer **Lern**gruppe. Setze dich deswegen mit anderen Studenten zusammen, die ebenso fleißig und zielstrebig sind wie du. Wenn ihr nicht die gleichen Interessen habt, ist das überhaupt nicht schlimm: Ihr lernt nur zusammen und das ist alles.

Die richtige Lernatmosphäre

Ebenso wichtig wie die Art und Weise, wie du lernst, sind auch die Umstände, unter denen du lernst. Wenn draußen vor deinem Fenster gerade die Straße aufgebrochen und neu asphaltiert wird, kannst du noch so großartige Lerntechniken haben, wie du willst, du wirst einfach nichts in deinen Kopf kriegen. Deswegen schaffe dir eine ruhige und entspannte Lernatmosphäre.

Bezüglich der emotionalen Ebene während des Lernens sagen Forscher sogar, dass es immens wichtig ist, positive Gefühle beim Lernen zu haben. Denn wenn du Informationen in Kombination mit Angst oder Stress abspeicherst, werden diese negativen Emotionen auch zusammen mit dem Gelernten in der Anwendung wiedergegeben. Wenn du also beispielsweise unter Stress und Angst eine betriebswirtschaftliche Faustregel auswendiglernst, wirst du genau die gleichen Gefühle in der Klausur haben, wenn du diese Regel wiedergeben musst – und im schlimmsten Fall sogar später in der Arbeitswelt, wenn du sie anwendest. Schaffe dir deswegen eine ruhige, entspannte und gelassene Atmosphäre an dem Ort, an dem du Lernen willst.

Ganz entsprechend der Ruhe und Stille ist deine Hochschulbibliothek zum Lernen ideal. Zum intensiven Lernen, was auch eigentlich die Bedeutung von „Studieren" ist, haben viele Bibliotheken sogar extra Räume, in denen gar kein Sprechen – nicht einmal flüstern – erlaubt ist. Fachliteratur ist zum Greifen nahe und auch ausreichend Steckdosen sind für Arbeiten am Laptop oder Tablet vorhanden. Außerdem inspiriert die gelehrsame Atmosphäre mit vielen Menschen, die ebenfalls an ihrem Studium arbeiten, zum Lernen und bietet dadurch ein schönes Umfeld und damit noch mehr Motivation. Deine Hochschulbibliothek ist somit deine erste Anlaufstelle, um in aller Ruhe zu lernen.

Weitere Möglichkeiten sind entspannende Plätze in der Natur. Das kann ein ruhiges Fleckchen im Stadtpark oder im Botanischen Garten sein, auf einer Wiese, einer Bank im Wald oder an einem See – aber bitte eine Bank an einem See in einem Naturschutzgebiet und nicht an einem Badesee. Dort wirst du mit Sicherheit nicht sonderlich viel Ruhe finden können.

Aber genauso kannst du es dir auch zu Hause gemütlich machen. Lebst du allein, kannst du ohnehin alles machen, was du willst. Und lebst du mit mehreren zusammen, sprecht miteinander und unterstützt euch gegenseitig – selbst wenn es nur passiv ist, indem ihr euch gegenseitig eure Freiheiten gebt und euch in Ruhe lasst.

Mach es dir gemütlich und setz dich zum Lesen von Fachliteratur in deinen Lieblingssessel, so wie du dich für einen guten Roman dareinsetzen würdest. Mach dir ein leckeres Heißgetränk und lehn dich zurück. Es gibt sogar Studien[18] darüber, dass sich Düfte auf Basis von ätherischen Ölen (wie von Zitronen oder Lavendel) ebenso positiv auf das Lernen auswirken, wenn sie den Lernenden sowohl während des Lernens als auch während seines Schlafes umgeben. Es lohnt sich also, ein paar Euros zu investieren und dir einen wohlriechenden Raumerfrischer auf Grundlage von ätherischen Ölen in deine vier Wände zu holen.

Ein weiterer wichtiger Aspekt beim Lernen ist, dass sich unser Gehirn am besten auf eine einzige Sache fokussieren kann. Dieses ist nicht sonderlich schwierig zu verstehen. Was heißt das jedoch für unsere Lernpraxis?

Neben dem Aufbau einer leisen und entspannten Lernatmosphäre ist es wichtig, alle **Ablenkungen abzubauen**. Dazu gehört vor allem, dass du dein Smartphone ausschaltest oder auf Flugmodus stellst, damit du nicht ständig von Klingeltönen und Vibrationen gestört wirst. Wenn du Recherchen durchführen musst, dann mache das bitte unter keinen Umständen über dein Smartphone, sondern über dein Tablet oder dein Laptop. Und wenn du das mal zu Hause vergessen oder aus irgendeinem Grund keinen Laptop zur Verfügung haben solltest, dann sei einfach oldschool und setz dich an einen Bibliothekscomputer. Das ist keine Schande und das Internet ist **mindestens** das gleiche. Die Bibliothekscomputer haben nämlich oftmals sogar einen Vorteil: Sie können ins universitätseigene Intranet. Das bedeutet, dass du darüber kostenlosen Zugang

[18] Franziska Neumann, Dr. Vitus Oberhauser, PD Dr. Jürgen Kornmeier, „How odor cues help to optimize learning during sleep in a real life-setting", Scientific Reports. 27. Januar 2020

zu verschiedenen Büchern, PDFs und Artikeln hast, für die du als „normaler Mensch" eigentlich zahlen müsstest. Das kannst du nebenbei bemerkt ebenso auch über deine eigenen Geräte, jedoch musst du dir dafür einen sogenannten VPN-Tunnel installieren. Das ist aber kein Problem, Hilfe hierfür findest du in der Regel auf der IT-Service-Seite deiner Hochschule. Aber jetzt weiter im Text!

Ebenso gehört zu der Beseitigung von Ablenkungen, dass du Umgebungsgeräusche mit einem Informationsgehalt beseitigst. Läuft irgendwo im Hintergrund ein Film im Fernsehen oder Nachrichten im Radio, gelangen Informationen zu deinem Ohr, die deine Konzentration massivst stören. Dazu gehört natürlich auch das Hören von Musik. Sehr viel besser ist es, dir Naturgeräusche wie Wasserrauschen, Wettergeräusche oder Vogelgezwitscher auf die Ohren zu legen. Denn sie erzeugen eine schöne Atmosphäre und vermitteln dabei keine Informationen, die unser Gehirn verarbeiten kann.

Lernzeiten

Der für uns letzte Punkt hinsichtlich des allgemeinen Lernens ist der Zeitaspekt. Jeder von uns tickt anders – und zwar im wahrsten Sinne des Wortes, – denn wir alle haben eine *innere Uhr* in uns, die uns Signale für bestimmte Handlungen und Tagesabläufe gibt. So wird der eine von sich aus schon um 22:00 Uhr müde und ist dafür aber ein Frühaufsteher, während der andere eine Nachteule ist und ohne Probleme bis 01:00 oder 02:00 Uhr wach bleiben kann, aber dafür morgens länger schläft. Der Schlafrhythmus ist neben dem Hungergefühl nur eines von vielen Beispielen.

Zu diesen Zeiten, die von deiner Inneren Uhr beeinflusst werden, gehört auch die Zeit, in der dein Kopf am produktivsten ist, und du somit am besten lernen kannst. Dabei lassen sich vier Grundtypen beobachten:

[1.] der Morgenlerner, [2.] der Mittagslerner, [3.] der Abendlerner und [4.] der Nachtlerner.

Zu 1. Der Morgenlerner ist früh aktiv, in der Regel ausgeschlafen und direkt fit. Der Kopf ist frisch und das Beste für ihn ist, direkt voll motiviert ans Werk zu gehen!

Zu 2. Der Mittagslerner muss erst mal in die Gänge kommen. Aber mittags, zu der Zeit, in der andere Pause machen, geht er aber voll auf Hochtouren, ist enorm leistungsfähig und braucht eigentlich gar keine Mittagspause im herkömmlichen Sinne zu machen.

Zu 3. Abends, wo die meisten Menschen von der Arbeit nach ihrem Dienstschluss nach Hause kommen, beginnt für den Abendlerner erst der „Spaß". Er setzt sich in der ruhigen Feierabendstimmung ganz gelassen an seine Lernsachen und sein Kopf bleibt entspannt.

Zu 4. Dann, wenn alle anderen schlafen, genießt der Nachtlerner die tiefe Stille der Nacht und brütet im orangegelben Licht seiner Schreibtischlampe über seinen Büchern und Lernmaterialien.

Dabei musst du nicht mal unbedingt nur zu einer dieser Kategorien gehören. Es ist sogar sehr wahrscheinlich, dass du mehrere Lernzeiten am Tag hast und nicht nur eine. So kann es sein, dass du zwar lange schläfst und dementsprechend keine Vorlesung ab 08:00 Uhr gebrauchen kannst, aber wenn du einmal wach bist, direkt in die Gänge kommst (Mittagslerner) und bis 22:00 Uhr durchziehen kannst (Abendlerner).

Welche Zeit(en) ist/sind für dich am besten zum Lernen geeignet?

Falls du es noch nicht weißt, probiere es einfach mal aus: Zu welcher Tageszeit lernst du am besten? Und sobald du das herausgefunden hast, versuche deinen Tagesablauf danach zu richten, dass du zu deinen idealen Lernzeiten auch wirklich lernst und alles andere drumherum verteilst.

Lerntechniken

Wie du im Folgenden anhand der Namen schon erkennen kannst, sind dir manche Techniken bereits aus dem Kapitel über *Organisation und Selbstmanagement* bekannt. Viele Techniken bezüglich der Organisation deiner Aufgaben eignen sich eben auch für die Organisation der Informationen, die du in deinem Kopf abspeichern willst.

Je strukturierter du lernst und je ausgebauter die Wissensstruktur in deinem Kopf ist, desto besser bleiben die neu gelernten Informationen hängen. Und genau das machen sich die Lerntechniken zu Nutze, die wir im Folgenden behandeln werden.

Pomodoro-Technik

Die Pomodoro-Technik wurde nach einem Eierwecker benannt, der so aussieht wie eine Tomate (Ital.: Pomodoro). Dieser Eierwecker wurde von seinem Entwickler benutzt, um diese Technik in Form der folgenden sechs Schritte zu entwickeln:

1. Wähle EINEN Themenbereich aus, den du lernen möchtest
2. Notiere dir KURZ die Teilbereiche, die zum Verständnis dieses Themas notwendig sind
3. Stell dir einen Wecker auf 25 Minuten und beginne mit den Teilbereichen
4. Hake deine erledigten Teilbereiche ab, sobald der Wecker klingelt
5. Lege jetzt eine Pause von 5 Minuten ein

- Diese 5 Schritte stellen eine „Pomodoro“ dar. -

1. Wiederhole diese Pomodoro viermal, und lege danach eine etwas größere Pause von 15-30 Minuten ein.

Pareto-Prinzip

Der Entwickler dieser Lernmethode erklärt, dass die (wichtigen) 80 % des Lernstoffes mit gerade mal 20 % deiner gesamten Lernkapazität erlernt werden können. Die restlichen (unwichtigen) 20 % des Lernstoffes würden hingegen 80 % deiner Lernkapazität in Anspruch nehmen, weshalb du diese 20 % einfach nicht lernst. Um diese Rechnung besser zu verstehen: 100 % deiner Kapazität sind nötig, um 100 % des Lernstoffes zu erlernen.

Es ist besser, alle Themen zumindest größtenteils zu beherrschen, als zwar ein paar Themen vollständig mit allen Details zu kennen, aber dafür andere überhaupt nicht.

Der einzige Arbeitsschritt ist, dass du für die Themen, die du lernen musst, eine Prioritätenliste der einzelnen Teilbereiche erstellst, von der du nur die wichtigen 80 % lernst. Die anderen 20 % ignorierst du einfach.

ALPEN-Methode

Die Alpen-Methode hat nichts mit dem Gebirge *Alpen* zu tun, sondern „Alpen“ setzt sich aus den Anfangsbuchstaben der einzelnen Schritte zusammen.

1. **A**ufgaben definieren: Du erstellst eine Liste, in der du alle Themen, die du lernen musst, aufschreibst.
2. **L**änge abschätzen: Hier ist es wichtig, dass du die Dauer, die das Erlernen der einzelnen Themenbereiche in Anspruch nehmen wird, möglichst realistisch einschätzt.
3. **P**ufferzeiten einplanen: Keine Planung ist perfekt! Es passiert nicht selten, dass dir irgendetwas dazwischenkommt. Deswegen plane auch genügend Zeit als Puffer ein, in der du deine aktive Lernzeit in die Länge ziehen könntest.
4. **E**ntscheidungen treffen: Jetzt geht es darum, dass du die zu lernenden Themenbereiche entsprechend ihrer Wichtigkeit in eine Reihenfolge bringst. Für die Schwerpunktsetzung kannst du auch beim Lernen, besonders wenn es ums themenübergreifende Lernen geht, beispielsweise das *Eisenhower-Prinzip* anwenden.
5. **N**achkontrolle: Zum Abschluss kontrollierst du deine Lernliste und schaust, was du alles geschafft hast. Du gehst deine Planung noch einmal durch und überprüfst, ob dir deine zeitlichen Einschätzungen gelungen sind – und wenn nein, wie du diese für den nächsten Plan besser machen kannst.

SQ3R-Methode

Diese Lernmethode wurde von Francis P. Robinson entwickelt und in seinem Buch *Effective Study* (1946) veröffentlicht. Sie ist ganz konkret eine **Lesemethode**, durch die du Skripte und Bücher hervorragend studieren kannst. Ähnlich wie bei der ALPEN-Methode stehen die Buchstaben im Namen der SQ3R-Methode für die einzelnen methodischen Schritte. Aus dieser Lesemethode haben E. L. Thomas und H. A. Robinson[19] die SQ4R [PQ4R] mit einem weiteren Schritt erweitert. Diese Hinzufügung haben wir gesondert markiert:

1. **S**urvey (Überblick) [Preview (Vorprüfung)]: Zuallererst geht es darum, dir ein grobes Bild über den Text[20] zu verschaffen, indem du das Inhaltsverzeichnis und die Überschriften liest und den Text überfliegst, wodurch dir Schlagwörter ins Auge fallen. Auf diese Weise gewinnst du,

[19] Improving reading in every class: A sourcebook for teachers, Boston: Houghton Mifflin 1972

[20] Das Wort *Text* sei in diesem Kapitel auch als Synonym für *Buch* zu verstehen

noch bevor du dich in Details verlieren kannst, einen Einblick in die Thematiken des Textes.

2. **Q**uestion (Frage): Der zweite Schritt ist, nachdem du dir nun einen groben Überblick verschafft hast, dir Detailfragen zum Text aufzuschreiben. Welche Informationen erwartest du von dem Buch? Interessiert dich vielleicht sogar schon etwas, worüber du unbedingt mehr erfahren willst? Schreibe alle Fragen auf, die dir in den Kopf kommen! Auf diese Weise wird sowohl deine Motivation angeregt als auch dein Lernen durch das aktive Arbeiten mit dem Text gefördert.

3. **R**ead (Lesen): Dieser dritte Schritt ist der zeitaufwendigste von allen Schritten dieser Methode. Jetzt liest du den gesamten Text abschnittsweise durch und markierst alle Kernaussagen.

4. **R**eflect (Reflektieren/Nachdenken): Dieser vierte Schritt läuft parallel zum dritten. Nachdem du einen Abschnitt abgeschlossen hast, reflektierst du die Belege und Argumentationen. Außerdem überlegst du dir aus deinem Vorwissen heraus weitere Wissensinhalte, die zum Thema passen.

5. **R**ecite (Wiedergeben): Nachdem du ein Kapitel abgeschlossen hast, schreibst du eine eigene Zusammenfassung und erstellst Mindmaps zur vereinfachten Darstellung des Themas. Darüber hinaus ist jetzt der richtige Zeitpunkt, um die von dir selbst eingangs unter dem zweiten Punkt formulierten Fragen zu beantworten.

6. **R**eview (Rückblick): Zum Abschluss solltest du darüber nachdenken, in welchem Zusammenhang das frisch erworbene Wissen mit der Gesamtthematik steht, sowie welche Anwendungsmöglichkeiten dafür bestehen.

Feynman-Technik

Die Feynman-Technik ist eine **Lehr- und Kommunikationsmethode**, die von Richard Feynman entwickelt wurde. Es geht bei ihr vor allem um eine einfache und verständliche Vermittlung des zu erlernenden Stoffes. Lass dich aber nicht von der Bezeichnung „Lehrmethode“ verwirren, Richard Feynman hat sie zu seiner Zeit als Student entwickelt, um die Fachsprache der Dozenten zu entschlüsseln und genau das ist das, was auch dir zugutekommt.

Im [1.] Schritt wählst du einen Themenbereich aus und schreibst dir alles, was du zu diesem weißt, in ein Notizbuch. Wenn dir im Laufe deines Studiums weitere

Wissensinhalte oder Wissensquellen diesbezüglich begegnen, fügst du sie einfach zu diesen Notizen hinzu.

Daraufhin nimmst du dir zum Lernen im [2.] Schritt eine neue Notizseite und schreibst dein Fachwissen zu dem Themenbereich deiner Wahl so auf, als ob du es einem Kind erklären würdest. Kinder verstehen weder komplizierte Fachbegriffe noch ausschweifende Erklärungen, weshalb du beides in deinen Notizen unbedingt vermeiden solltest. Verwende kurze und einfache Sätze.

Wenn du merkst, dass dir die Formulierung von manchen Details oder sogar ganzen Themenbereichen schwerfällt, hast du bereits den Übergang zum [3.] Schritt geschafft. Dieser ist nämlich, deine Wissenslücken festzustellen und sie daraufhin durch die Lektüre deiner Skripte, Mitschriften und Bücher zu füllen.

Im abschließenden [4.] Schritt besteht deine Aufgaben darin, deine im Rahmen dieser Lerntechnik gemachten Notizen zu ordnen, indem du sie beispielsweise mit Linien verbindest. Oder du kannst sie ausschneiden und auf ein DIN-A3-Blatt kleben – ähnlich einem Lernplakat. Auf diese Weise bringst du Struktur sowohl in deine Notizen als auch in die Informationen in deinem Kopf.

Loci-Methode

Die Loci-Methode ist eine sogenannte ***Assoziationstechnik***, durch die dein Gehirn Wissensinhalte mit Orten oder Gegenständen verknüpft, sprich *assoziiert*. Das bedeutet, dass du auf einem Weg oder in einem Raum, seien sie real um dich herum oder irreal in deiner Vorstellung, verschiedene Gegenstände findest und dein zu lernendes Wissen mit ihnen in Verbindung bringst. Wichtig ist vor allem, dass dein Lernweg oder Lernraum sehr detailreich sind, sodass du eine große Menge an Lernstoff in diesen reinpacken kannst.

Sitzt du beispielsweise in deinem Zimmer, hast du deinen Schreibtisch, auf dem deine Lampe steht, dein Laptop, deine Stifte, deinen Tacker, deinen Locher und vieles mehr. Jetzt setzt du jeden einzelnen Gegenstand in Verbindung mit einem der Teilaspekte, die du zu lernen hast. Für ein anderes Thema nimmst du dir zum Beispiel deinen Kleiderschrank vor und gehst diesen mit all deinen Klamotten durch und verbindest jedes Kleidungsstück mit einem Teilaspekt des zu lernenden Themenbereiches. Dieses kannst du mit jedem anderen beliebigen Ort, sei er in der Realität tatsächlich vorhanden oder nur in deiner Vorstellung, ebenso durchführen. Genauso funktioniert diese Methode, wenn du sie auf einen Weg anwendest. Befindest du dich beispielsweise auf dem Weg zur Arbeit oder zur Uni, verbindest du alle möglichen Orte und Plätze, an denen du vorbeikommst, mit der zu lernenden Thematik, so wie du es in deinem Zimmer machen würdest. Auch hier gilt wieder, dass es sich nicht zwangsweise um einen realen Weg handeln muss.

Das, was jetzt vielleicht etwas komplex klingt, ist in Wirklichkeit unglaublich simpel und banal. Entsprechend dieser Technik kann jeder Gegenstand mit jeder beliebigen Information verknüpft werden. Du könntest mit deinem Tacker beispielsweise verbinden, dass die Französische Revolution von 1789 bis 1799 gedauert hat, und mit deinem Locher, dass Napoleon insgesamt von 1799 bis 1815 über Frankreich regiert hat. Das ist ja gerade das Verrückte. Das, was du mit dem Gegenstand oder dem Ort verbindest, muss gar nichts mit ihm zu tun haben.

Darüber hinaus kannst du aufbauend auf der Loci-Methode deinen eigenen gedanklichen *Wissenspalast* bauen, in dem du dein gesamtes Wissen auf die gleiche Weise verankerst. Es muss sich aber nicht unbedingt um ein riesiges Schloss oder eine Villa handeln, sondern kann genauso auch ein groß angelegter Gedankenwald mit vielen Wegen und außergewöhnlichen Orten sein.

Das Wichtigste an der Methode ist jedoch, dass du dein Gehirn anfangs sehr stark auf gedankliche Visualisierungen trainieren musst, damit die Vorstellung der Räume und Wege nicht zu anstrengend ist, wenn du das mit ihnen verbundene Wissen wiedergeben musst wie in einer Klausur oder mündlichen Prüfung.

Birkenbihl-Methode

Diese Lernmethode wurde von Vera F. Birkenbihl besonders zum Erlernen von Sprachen entwickelt und basiert vor allem auf dem auditiven Lernen durch Hören. Jedoch kannst du sie auch über die Grenzen des Neuspracherwerbs hinaus für deine spezielle Fachrichtung anwenden, indem du Audioaufzeichnungen der Vorlesungen deiner Professoren oder Hörbücher von der für dich passenden Fachliteratur immer wieder hörst.

Nur ein wichtiger Hinweis hierzu: Nimm aus Datenschutzgründen nicht einfach so die Vorlesungen deines Dozenten auf, sondern mache ihm den Vorschlag, ob er selbst Aufzeichnungen von den Vorlesungen anfertigen und für alle Studierende zur Verfügung stellen kann. Wenn er dann fragt, weshalb, dann erkläre ihm diese Lernmethode.

1. Dekodierung: Aus der Perspektive des Erlernens einer Sprache besteht der erste Schritt darin, dir einen Text in der Fremdsprache, die du

erlernen willst, vorzunehmen und diesen, Wort für Wort zu übersetzen. Außerhalb des Erlernens von Sprachen gilt Gleiches besonders für die Fachbegriffe, die dir im Text begegnen. Lies den Text und achte darauf, dass du jedes Wort verstehst und keine Bedeutung auslässt. Somit wird hier im ersten Schritt der optische Lernkanal bemüht.

2. Aktives Hören: Daraufhin nimmst du eine Audioaufnahme dieses Textes oder dieser Vorlesung, in der prinzipiell ja eigentlich auch nur aus dem Skript vorgelesen wird, vor und hörst dieser bewusst zu.

3. Passives Hören: Der nächste Schritt ist, die gleiche Aufnahme(n) unbewusst im Alltag zu hören wie wenn du beispielsweise in der Bahn bist oder Hausarbeiten (im hauswirtschaftlichen Sinne) machst.

4. Anwendung: Der letzte Schritt besteht darin, dass du in der neuen Sprache beziehungsweise über das neue Thema sprichst. Die Kommunikation ist somit der Abschluss dieser Methode, die damit fast alle Lernkanäle abdeckt.

Bibliotheken, Bücher und Fachzeitschriften

Wir haben in diesem Buch bereits an einigen Stellen Bibliotheken und Fachliteratur thematisiert, aber in diesem Kapitel möchten wir diesen Themenbereichen noch einmal besondere Aufmerksamkeit schenken, weil sie neben den Vorlesungsfolien und Skripten deiner Professoren die Hauptquellen deines persönlichen Fachwissens sind.

Allein schon von der Bedeutung her umfasste das Wort *Buch* – im Mittelhochdeutschen *buoch* oder *puoch* – ein ganzes Bedeutungsfeld, dessen einzelne Bedeutungen in der heutigen Standardsprache unter anderen die folgenden sind: Schrift, Wissen und Wissenschaft.[21] Bücher sind also der **Inbegriff** der Schrift, des Wissens und der Wissenschaft. Wenn du also Wissen erlangen oder dich wissenschaftlich betätigen willst – Stichwort Hausarbeiten, – musst du auf Bücher zurückgreifen, die dir dieses Wissen vermitteln.

Sie sind während deines Studiums deine besten Freunde. Sie erklären dir, was du willst, so oft du willst und sie warten stets geduldig auf dich, bis du sie in die Hand nimmst. Du kannst sie in aller Ruhe durchblättern sowie das gesamte

[21] Henning, Beate. *Kleines Mittelhochdeutsches Wörterbuch*. Berlin: De Gruyter, 2014. S.47

Fachwissen studieren und verinnerlichen. Außerhalb der Bücher wirst du dieses nicht in einem solchen umfangreichen Ausmaß finden.

Eine wichtige Ergänzung zu den Büchern sind Fachzeitschriften – du kennst sie bestimmt aus Kindheitstagen! Viele Studenten nehmen sie anfangs jedoch gerade deswegen gar nicht ernst, da sie immer noch die Kinderzeitschriften vor Augen haben, die nicht sonderlich detailliert, sondern eher oberflächlich und somit auch oft etwas langweilig sind. Ich hoffe sehr, dass sich dieses Bild vor allem bei dir aber noch wandeln wird, denn **FACH**zeitschriften sind alles andere als oberflächlich, denn in ihnen werden die neusten Erkenntnisse und Forschungsergebnisse publiziert. Dadurch ist es ein absolutes Muss, auch nach deinem Studium immer weiter Fachzeitschriften zu lesen, um immer auf dem neusten Stand zu bleiben.

An vielen Hochschulen gibt es eine zentrale Universitätsbibliothek, die fächerübergreifend Literatur, Zeitschriften und Artikel sammelt, sowie das gesamte Büchereiwesen verwaltet. Des Weiteren gibt es aber auch Fachbereichsbibliotheken, die ausschließlich die Literatur bergen, die zu ihrer jeweiligen Fakultät gehören. Manche Hochschulen haben nur eine von beiden Bibliotheksmodellen und andere wiederum eine Kombination aus beiden.

Es gibt auch häufig Kooperationen zwischen den Hochschulbibliotheken und dem *Deutschen Bibliotheksverband e. V.*, über den eine große Vielzahl an Büchern auch von anderen Hochschulbibliotheken per Fernleihe ausgeliehen werden können. Informiere dich einfach mal über die Möglichkeiten, wie und wo du über deine Hochschule auf Fachliteratur zugreifen kannst.

Darüber hinaus ist die Bibliothek nicht nur ein Ort, an dem du auf Fachliteratur zugreifen kannst, sondern auch für deine Klausuren lernen und Hausarbeiten schreiben kannst. Im Regelfalle gibt es verschiedene Arbeits- und Lernbereiche, in denen du entweder allein in absoluter Stille oder mit einem Freund im Flüsterton lernen kannst. Für Gruppenarbeiten empfehlen wir jedoch Arbeitsräume auf dem Campus außerhalb der Bibliothek.

Des Weiteren kannst du über die Computer deiner Hochschulbibliothek in das sogenannte *Intranet*. Dieses ist ein in sich mehr oder minder geschlossenes hochschuleigenes Internetsystem, über das du Zugriff auf Forschungsinhalte, Fachzeitschriften, wissenschaftliche Artikel, Enzyklopädien und Fachliteratur im E-Book-Format hast. Abgesehen von diesen Erweiterungen kannst du darüber aber auch ganz normal ins herkömmliche Internet gehen. Über deine eigenen

Geräte kannst du aber ebenso via Intranet auf all diese für dein Studium relevante Medien zugreifen. Jedoch musst du dir dafür einen sogenannten VPN-Tunnel von deiner Hochschule auf deinen Geräten installieren. Das ist aber gar kein Problem, hierfür findest du normalerweise Hilfe auf der IT-Service-Seite deiner Hochschule.

Lernen nach Fachrichtung

Unabhängig von der Fachrichtung, die du studierst, solltest du versuchen, zumindest eine von den vorgestellten Lerntechniken anzuwenden und dabei die eingangs erwähnte Funktionsweise deines Gehirns berücksichtigen. Jedoch musst du je nach Fachrichtung dein Augenmerk auch auf ganz bestimmte Qualitäten legen.

Beispielsweise musst du in den Geisteswissenschaften sehr viel verstehen, interpretieren und kannst deine eigenen Gedanken einfließen lassen. Außerdem bist du gedanklich freier und es gibt in vielen Bereichen ein ganzes Interpretationsfeld. Natürlich gibt es zwar *richtig* und *falsch*, aber je nach Studienfach ist das bei Weitem nicht so eng wie beispielsweise bei den Ingenieurfächern oder Naturwissenschaften. Dort ist das Ergebnis entweder richtig oder falsch, große Interpretationsmöglichkeiten gibt es dort eigentlich nicht.

Im Folgenden haben wir dir zu jeder Wissenschaftsgattung die wichtigsten Charakteristika und Schwerpunkte, auf die du achten solltest, festgehalten, doch nicht jede ist für dich relevant. Springe einfach zu der Wissenschaftsgattung, die du studierst. Mit den anderen brauchst du dich überhaupt nicht zu beschäftigen.

Geisteswissenschaften

In den Geisteswissenschaften geht es vor allem darum, dass du den Lernstoff verstehst und nicht einfach nur in deinen Kopf reinprügelst. Auch Auswendiglernen bringt in den seltensten Fällen sonderlich viel, denn du kannst zwar einzelne Regeln auswendig lernen, aber komplette Texte sind sehr mühselig und außerdem zu Prüfungen auch nicht zugelassen. Wenn du einen Abschnitt aus einem Buch auswendig lernst und ihn eins zu eins in der Prüfung wiedergibst, gilt das als Täuschungsversuch, weil du „abgeschrieben“ hast. Du musst ein Thema mit deinen eigenen Worten und deinem eigenen Verständnis wiedergeben und erklären.

Somit ist der erste und grundsätzlich wichtigste Aspekt beim Erlernen eines Themas in den Geisteswissenschaften, dass du verstehst, wie eine Regel, ein Sachverhalt oder ein Ereignis zustande kommt beziehungsweise zustande gekommen ist (Hintergründe, Vorgeschichte und Gedankengänge) sowie in welchem Arbeits- oder sogar Lebensbereich dir dieses Wissen auf welche Weise nützt.

Nehmen wir einmal ein Beispiel aus der Geschichtswissenschaft, die eine von den vielen Fächern der Geisteswissenschaften ist, um diesen Hergang besser zu verstehen.

Damit wir begreifen, wie es beispielsweise Napoleon Bonaparte geschafft hat, nach der Französischen Revolution, die doch eigentlich den Absolutismus abgeschafft und eine Demokratie eingeführt hatte, dennoch zum französischen Kaiser gekrönt zu werden, müssen wir die Hintergründe tiefer erfassen. Wir müssen erkennen, welche Lücken die Französische Revolution und ihre Verfassung offenließen, die Napoleon ausnutzte. Was waren seine eigenen Schachzüge, um das Kaisertum zu errichten? Gab es vielleicht sogar noch Einflüsse und Interessen aus dem Ausland – seien sie aktiv oder passiv? Und was kannst du für dich oder für andere Menschen aus seinem Aufstieg an Nutzen ziehen?

Wie du siehst, musst du dich also wirklich intensiv und tiefgründig mit der Thematik auseinandersetzen. In Bezug auf Texte wie Skripte und Bücher empfehlen wir deswegen die *SQ3R/SQ4R-Methode*, die wir bereits im Kapitel *Lerntechniken* vorgestellt haben. Sie wird dir das Studieren der Texte immens vereinfachen. Darüber hinaus können dir auch klassische Lernmethoden wie Mindmaps, Lernplakate, Lerngruppen und Dokumentationen helfen, um ein Thema besser zu verstehen. Wenn du Dokus guckst, mache dir zu ihnen auch Notizen und belasse es außerdem nicht nur bei einer einzigen Doku, sondern schaue dir alles an, was das Internet zu bieten hat.

Wenn es nun darum geht, das Erlernte wiederzugeben, musst du es frei und mit eigenen Worten tun. Es macht daher oft Sinn, in Lerngruppen zu lernen, in denen du dein Wissen vorträgst. Selbst wenn du allein lernen solltest, ist es mehr als nur empfehlenswert, deine Gedankengänge auszuformulieren. Ob du mit deiner Katze, deinen Eltern, deinen kleinen Geschwistern oder auch einfach mit dir selbst redest, ist dabei nicht von großer Relevanz. Die Hauptsache ist, dass du übst, deine Gedanken klar und deutlich auszuformulieren – hierbei hilft dir übrigens die bereits vorgestellte *Feynman-Technik*. In der Prüfung, die ohnehin schon an sich eine große Stresssituation ist, hast du nur sehr wenig Zeit, um sehr viele Fragen zu beantworten. Wenn die Wörter dann nicht aus dir heraussprudeln, denkst du viel zu lange nach und verlierst viel zu viel Zeit. Aus diesem Grund sind zumindest Selbstgespräche oder Lernzettel unglaublich wichtig.

Sprachwissenschaft / Philologie / Fremdsprachen

Die Sprachwissenschaft (Philologie) und das Erlernen von Fremdsprachen ist zwar ein Teilbereich der Geisteswissenschaften, der jedoch besondere Aufmerksamkeit verdient.

An dieser Stelle möchten wir die *Birkenbihl-Methode* noch einmal detaillierter ausführen und anhand unserer eigenen Erfahrungen ausweiten. Auch wenn der Erstspracherwerb bei Neugeborenen noch relativ unerforscht ist, versucht die Birkenbihl-Methode auf genau diesem Erstspracherwerb aufzubauen. Neugeborene haben weder Grammatikunterricht noch Vokabellisten, die sie auswendig lernen könnten. Sie werden in die Sprache „reingeworfen“ und erlernen sie intuitiv durch Hören und Anwenden, indem sie die bis dahin unbekannte Sprache permanent umgibt. Und genau das sollte auch die Fremdsprache, die du lernen möchtest.

Aus diesem Grund wirst du im [1.] Schritt der Birkenbihl-Methode ins kalte Wasser geworfen, indem du ohne Vokabellisten und Grammatikhefte einen Abschnitt eines fremdsprachigen Textes Wort für Wort übersetzen und erarbeiten musst. Hierfür bieten sich besonders gut Romane an: Auf Einsteigerniveau Romane für Kinder und auf Fortgeschrittenenniveau Romane für Erwachsene.

Das Gute an Romanen ist nämlich, dass es für sie im Regelfalle auch Hörbücher gibt, die du im [2.] Schritt bewusst und aufmerksam in Kombination mit dem Lesen des Textes anhören kannst. Im folgenden [3.] Schritt hörst du dem Hörbuch unbewusst im Alltag zu, während du beispielsweise Auto fährst, einkaufen gehst oder eine Hausarbeit (im hauswirtschaftlichen Sinne) durchführst.

Der [4.] Schritt ist, dass du dich in die Praxis wagst und die neue Sprache anwendest. Dafür eignet sich hervorragend ein Auslandsaufenthalt – sei es in

Form von einem mehrwöchigen Urlaub oder einem Auslandssemester in dem jeweiligen Land. Eine Alternative dazu wären auch klassische Brieffreundschaften, die im digitalen Zeitalter natürlich auch online und auch per Voicemail oder Videochat durchgeführt werden können.

Bezüglich der Finanzierung eines Auslandssemesters gibt es von der Europäischen Union das sogenannte *Erasmus Projekt,* das ausgewählten Studenten ihr Auslandsemester in einem von 33 europäischen Partnerländern organisiert und sie sowohl finanziell als auch ideell unterstützt. Insgesamt steht jedem EU-Bürger für seine gesamte Studienzeit vom Bachelor bis zur Promotion 12 Monate Förderung zu. Sollte es dich in ein Land außerhalb der EU ziehen, gibt es Stipendien wie das *PROMOS-Stipendium* des Deutschen Akademischen Austauschdienstes (DAAD), die dir dort ein Auslandsemester ermöglichen. Kommt dieses für dich in Frage, informiere dich einfach über die Möglichkeiten, die dir zur Verfügung stehen.

Als kleine Ergänzung zur Birkenbihl-Sprachlernmethode möchten wir dir noch ein paar Hinweise und Tipps mitgeben.

Da wir selbst sowohl privat als auch im Rahmen unserer eigenen Studiengänge Fremdsprachen gelernt haben, können wir dir aus unserer Erfahrung heraus sagen, dass du durch die Birkenbihl-Methode **als Zusatz** zu deinen Unterrichtsmaterialien ein höheres Niveau erreichen wirst als deine Mitstudierenden. Jedoch solltest du nicht ausschließlich darauf zugreifen und wichtige Hilfsmittel wie Grammatikhefte und Vokabellisten niemals auslassen. Vielmehr solltest du diese Hilfsmittel auf eine Weise in Anspruch nehmen, durch die du ebenso wie bei der Birkenbihl-Methode kontextgebunden lernst.

Du lernst beispielsweise eine Vokabel nicht auswendig, indem du sie zwanzigmal inklusive Übersetzung laut vorliest, sondern indem du eine Vokabel in zwanzig verschiedenen Sätzen kontextgebunden anwendest. Apropos Vokabellernen! Denke einmal kurz an unsere Einführung in das Thema Lernen und die Funktionsweise unseres Gehirns zurück. Es ist sehr wichtig, dass du nach 20 Minuten eine Pause machst, damit du dein Kurzzeitgedächtnis optimal auslasten kannst. Passe hierfür einfach die *Pomodoro-Technik* dementsprechend an und schon hast du einen perfekten Vokabel-Lernplan. Sehr nützliche und dabei kostenlose Vokabel-Lern-Apps sind zum einen *Quizlet* oder *Card2Brain.*

Und bezüglich Grammatikheften stellen wir erfahrungsgemäß fest, dass wir bei vielen Studenten gemerkt haben, dass sehr wichtige grammatikalische Details ohne dieses wunderbare Hilfsmittel übersehen beziehungsweise überhört werden. Wir müssen an dieser Stelle auch anmerken, dass unsere Erwachsenengehirne einfach nicht mehr so jung, dynamisch und flexibel sind wie die Gehirne von Neugeborenen und Kindern. Wie oft hört man noch 6-Jährige, die immer noch mal hier und mal dort grammatikalische Fehler machen? Sie sind schon seit ganzen sechs Jahren am Lernen und machen trotzdem noch Fehler. Du hast aber keine sechs Jahre Zeit, sondern du musst diese Grammatik in der Klausur am Ende des Semesters beherrschen. Erst durch einen Unterricht, in dem ein grammatikalisches Thema vollständig gelehrt wird, wirst du als Lernender diese Grammatik auch vollständig erfassen können.

Gesellschaftswissenschaften

Die Gesellschaftswissenschaften als übergeordnete Wissenschaftsgattung sind in puncto Lernen ziemlich komplex. In manchen Fachrichtungen wie den Wirtschafts- und Sozialwissenschaften liegt der Schwerpunkt beim Lernen ähnlich wie bei den Geisteswissenschaften auf dem Verstehen der Materie. Wo hingegen bei Fachrichtungen wie Jura und Rechtswissenschaft Auswendiglernen viel eher zum Tragen kommt. Hier musst du die Gesetzestexte nicht verstehen, sondern einfach nur stupide in deinen Kopf reinprügeln.

Bezüglich des verstehenden Lernens ist es wichtig, dass du begreifst, wie eine Regel oder ein Sachverhalt zustande kommt beziehungsweise zustande gekommen ist (Hintergründe, Vorgeschichte und Gedankengänge) sowie in welchem Anwendungsbereich dir dieses Wissen auf welche Weise nützt.

Für die Gesellschaftswissenschaften nehmen wir ein Beispiel aus der Politikwissenschaft zur einfacheren Darstellung:

Um zu verstehen, wie der gesetzgebende Apparat der Europäischen Union funktioniert, musst du die einzelnen Organe kennenlernen und sowohl isoliert als auch in ihrer Gesamtheit betrachten. Um ihre Aufgaben im Einzelnen zu verstehen, eignen sich sehr gut Texte und Bücher, die du anhand der *SQ3R/SQ4R-Methode*, die du bereits im Kapitel *Lerntechniken* kennengelernt hast, bearbeiten kannst. Für das Verständnis des Gesamtbildes eignen sich hervorragend Darstellungen und Mindmaps, auf denen das Zusammenspiel zwischen den einzelnen Organen dargestellt wird.

Des Weiteren helfen dir Dokumentationen, um sowohl die einzelnen Teilbereiche als auch das große Ganze zu begreifen und zu verinnerlichen. Dabei solltest du dich bei einem prüfungsrelevanten Thema allerdings nicht einfach nur von den Informationen berieseln lassen, sondern gut zuhören und dir auch Notizen zu der Doku machen. Belasse es auch nicht bei nur einer einzigen Doku, sondern schaue dir alles an, was du bezüglich des zu lernenden Themas (an seriösen Dokumentationen) im Internet, in Mediatheken oder auch in deiner Hochschulbibliothek findest.

Nachdem du die prüfungsrelevanten Themen verstanden hast, ist es sehr wichtig, auch das Wiedergeben dieses Wissens einzuüben, denn in der Prüfung wirst du nur sehr wenig Zeit haben, um sehr viele Fragen zu beantworten und da müssen die Worte quasi aus dir heraussprudeln. Deswegen solltest du unbedingt die Thematik mindestens einmal vor einer Prüfung frei wiedergegeben haben.

Das kannst du entweder in Lerngruppen machen, in denen du und deine Kollegen das Thema diskutiert und selbstständig formuliert, oder auch allein, wobei du im Anschluss das frisch gelernte Wissen anderweitig wiedergibst. Dieses Wiedergeben kannst du sowohl schriftlich als auch mündlich machen. Ob du entsprechend der bereits vorgestellten *Feynman-Technik* deine eigenen Lernkarten erstellst oder einfach deiner Katze, deinen Eltern, deinen kleinen Geschwistern oder auch einfach dir selbst das Thema mündlich erklärst, ist dabei nicht von großer Relevanz. Die Hauptsache ist, dass du übst, deine Gedanken klar und deutlich auszuformulieren.

Was nun speziell Rechtswissenschaft und Jura angeht, ist es sehr empfehlenswert, dich in der Prüfungsvorbereitung vor allem mit den Gesetzestexten zu beschäftigen. Achte bei ihnen besonders auf so etwas Einfaches wie die Unterscheidung zwischen „und“ und „oder“.

Nutze dabei die Skripte deiner Dozenten und deine Lehrbücher als Lernhilfe und Unterstützung. Denke daran, dass du in der Klausur aber keine Skripte oder Lehrtexte vor dir liegen haben wirst, sondern die Gesetzbücher aufschlagen und mit diesen arbeiten musst. Wenn die Klausur das erste Mal sein sollte, dass du ein Gesetzbuch aufschlägst, wie soll die Klausur dann schon verlaufen? Sammle deswegen sehr viel Praxis- und Umgangserfahrung mit den Gesetzestexten schon während deines Lernprozesses.

An dieser Stelle müssen wir aber auch erwähnen, dass Rechtswissenschaft und Jura sowohl sehr umfangreich als auch sehr speziell sind. Wir empfehlen dir, im Internet nach Lernplattformen extra für Juristen zu suchen. Beispielsweise ist die Internetseite und der gleichnamige YouTube-Kanal *„endlich jura."* speziell von Juristen für (angehende) Juristen. Schau dir einfach mal an, was du an wertvollen Hinweisen, Tipps und Tricks findest.

Informier dich auch an deiner Hochschule, indem du mit Studenten aus den höheren Semestern wie beispielsweise aus der Fachschaft und mit deinen Dozenten sprichst. Ja, auch deine Dozenten waren einmal Studenten und haben das, was sie heute lehren, erst einmal lernen müssen. Sprich mit ihnen einfach darüber, welche Lernmethoden sie empfehlen.

Und ganz wichtig ist: Beherzige ihre Ratschläge – seien sie in einem persönlichen Gespräch speziell an dich gerichtet oder in einer Vorlesung ganz allgemein an sämtliche Studenten.

Wenn du all diese „Quellen der Weisheit" ausnutzt, wird dir das noch sehr viel größere Vereinfachungen beim Lernen geben, als wozu wir allein im Rahmen dieses kurzen Kapitels im Stande wäre.

Ingenieurwissenschaften

In den verschiedenen Fachbereichen der Ingenieurwissenschaften gibt es drei Arten von Modulen. Die einen sind sehr stark an die Naturwissenschaften angelehnt, die anderen beziehen sich auf Arbeitsabläufe sowie ähnliche Vorgänge und die dritte Kategorie ist die Informatik.

Bezüglich der **naturwissenschaftlichen Fächer** wie Mathematik, Mechanik und den Modulen, in denen sie angewendet werden wie Baustatik oder Thermodynamik, findest du alle Tipps und Tricks zum Umgang mit ihnen innerhalb des folgenden Unterkapitels *Naturwissenschaften* im Teilbereich *Mathematik, Physik und Astronomie*. Denn es ist unerheblich, ob du mit einer Formel aus der Thermodynamik, Bauphysik oder Quantenphysik rechnest: Der Umgang mit der Formel ist der gleiche. Ich habe auch bewusst ein Beispiel aus der Mechanik gewählt, was für jeden einfach zu verstehen ist – egal ob Ingenieur oder Naturwissenschaftler. Blätter einfach ein paar Seiten weiter und schon findest du ausführlich, was du suchst.

In Hinsicht auf die Module, die sich mit **Verfahren und Arbeitsabläufen** befassen, ist es besonders wichtig, dass du eine räumliche und bildhafte Vorstellung von dem hast, was dort passiert. Auch wenn du die kennengelernten

Prozesse in der Praxis noch nicht erleben konntest, versuche sie dir einfach vorzustellen. Was dir deutlich dabei helfen wird, sind Videos und Aufnahmen, die du dir im Internet anschauen kannst. Gib einfach mal bei einer Videoplattform den Namen von dem Arbeitsprozess, den du dir anschauen willst, ein und schaue, was du dazu findest. Alternativ eignet sich dafür auch hervorragend ein Betriebspraktikum innerhalb der vorlesungsfreien Zeit.

Jetzt gibt es aber auch in Ingenieurstudiengängen wie Bau- und Maschinenbauingenieurwesen ein Fach, was eine Kombination aus beiden Kategorien ist: Die Baustoff- beziehungsweise Materialkunde.

Diese Verbindung beider Modularten ist nicht wirklich ein Problem, du musst dir dessen nur bewusst sein. Studenten, die es als ein Fach ohne Formeln, sondern nur mit Materialeigenschaften und so weiter betrachtet und dementsprechend gelernt haben, haben oftmals ihre Klausur wiederholen müssen. Und je nachdem, wie voll dein Stundenplan gepackt ist, ist die Wiederholung dieses Moduls nicht sonderlich entspannt. Mach dir deswegen aber keinen Strass und auch keine Sorgen, sondern sei dir einfach nur bewusst, dass dieses Modul aus beiden Kategorien besteht; Bereite dich dementsprechend darauf vor und dann wirst du das Schiff schon schaukeln!

Die dritte und letzte Kategorie, in die wir die Module einordnen können, ist die **Informatik**. Sie ist aus quasi keinem Ingenieurstudiengang mehr wegzudenken, da sie sehr viele Arbeitsabläufe mindestens vereinfacht, wenn nicht sogar vollkommen ersetzt oder gar das Ziel ist.

Wie sollte eine computergesteuerte Maschine oder ein Roboter selbstständig arbeiten, ohne zuvor von einem Maschinenbauingenieur programmiert worden zu sein? Wie sollte in der heutigen Zeit eine Maschine oder ein Gebäude entworfen und dessen Statik ohne CAD[22] berechnet werden? Sogar im Bereich der Verkehrsplanung wird ja alles nur noch am Rechner gemacht! Und genauso ist auch die Informatik an sich an vielen Hochschulen den Ingenieurwissenschaften zugeordnet und nicht den Naturwissenschaften.

Innerhalb der Informatik gibt es auf der einen Seite das Programmieren und auf der anderen Seite das *Computer Aided Design* – kurz: CAD.

---

[22] *CAD* steht für *Computer Aided Design*, was auf Deutsch *computerunterstütztes Konstruieren* bedeutet.

Beim Programmieren gibt es bekannterweise verschiedene Programmiersprachen, von denen du dich in der Regel allerdings nur auf eine beschränken musst. Wenn einmal feststeht, welche Programmiersprache dein Dozent von dir abverlangt oder wenn du sie frei wählen kannst, für welche du dich auch selbst entscheidest, dann übe, übe, übe!

Die Praxis ist der beste Lehrmeister. Aber auch das Verständnis der Befehle ist wichtig, denn in der Regel sagen dir die Befehle schon, wofür sie stehen. Nehmen wir einen ganz einfachen Befehl aus einer ganz einfachen Programmiersprache. Und zwar den Befehl *„double"* aus Java. *Double* ist Englisch und bedeutet auf Deutsch *etwas* oder *sich verdoppeln*. Wenn du diesen Befehl anwendest, verdoppelst du damit den entsprechenden Zahlenwert. Auch wenn das jetzt nur ein sehr einfaches Beispiel ist, dennoch verhält es sich bei vielen – nicht bei allen, aber wirklich vielen – Befehlen so. Wenn du sie einmal verstanden hast, solltest du eigentlich keine großen Probleme mehr in der Anwendung haben.

Und was die restlichen kleinen Unstimmigkeiten in der Praxis betrifft, da hilft nur kontinuierliches Üben. Versuche schon während deiner Vorlesungszeiten[23] regelmäßig das frisch Gelernte anzuwenden und nicht erst kurz vor der Prüfung.

In CAD ist es genauso eine zumindest mehr oder minder reine Anwendungssache. Wenn du nur ein einziges kleines Häuschen oder Maschinchen in einem ganzen Semester entworfen hast, ist das einfach zu wenig. Versuche, dich selbst zu motivieren und gestallte ein Haus oder eine Maschine – natürlich entsprechend dem, was du studierst – ganz nach deinen eigenen Vorstellungen! Dir sind dabei keine Grenzen gesetzt, denn es geht in erster Linie nicht darum, dass das, was du da entwirfst, umsetzbar ist, sondern es geht einfach nur um die Automatisierung des Umgangs mit dem CAD-Programm. Alle weiteren Details und fachlichen Feinheiten werden im Laufe der Vorlesungen und Übungen korrigiert und geradegebogen.

---

[23] Wir meinen hiermit nicht, dass du in einer Vorlesung einfach deinen Laptop auspacken und drauflos programmieren sollst, sondern mit Vorlesungszeiten meinen wir die Periode in deinem Semester, in der du Vorlesungen und Übungen hast. Das Gegenstück dazu ist die vorlesungsfreie Zeit, die im Volksmund gerne als Semesterferien bezeichnet wird.

Naturwissenschaften

In den Naturwissenschaften gibt es drei große Teilbereiche: [1.] die rechnerischen Fächer wie Mathematik, Physik und Astronomie, [2.] die stofforientierten Fachrichtungen wie Chemie und Biochemie sowie [3.] die lebewesenorientierten Fächer wie Biologie und Biotechnologie. Die Geologie ist – zumindest was das Lernen für dieses Fach angeht – eine Mischung aus Chemie und Physik.

Im Folgenden werden wir Lerntechniken für jeden dieser drei Teilbereiche kennenlernen. Dabei sind für dich natürlich nur die Abschnitte relevant, die sich mit dem Studiengang beschäftigen, den du auch studierst.

Mathematik, Physik und Astronomie

Zuallererst beginnen wir mit den rechnerischen Fächern, deren Basis die **Mathematik** darstellt. Streng genommen ist die Mathematik keine Naturwissenschaft, sondern genauso wie Logik eine sogenannte *Formalwissenschaft*. Aus dem Altgriechischen ins Deutsche übersetzt bedeutet sie auch einfach nur *„Kunst des Lernens“*. Die Mathematik wird an den modernen Hochschulen jedoch gerne in den Fakultätsbereichen der Naturwissenschaften gelehrt, da sie die Grundlagen aller Formeln und Berechnungen bereithält.

Dabei kannst du sie wie eine eigene Sprache verstehen, die ihre eigene Rechtschreibung und ihre eigenen Grammatikregeln hat. Genauso, wie sich die Bedeutung eines Satzes durch ein Versetzen des Kommas verändern kann, kann sich das Ergebnis einer mathematischen Rechnung durch die Verschiebung eines Operators ändern. Hierfür ein paar kurze Beispiele:

- Markus, mein Bruder, und Lukas kamen zu Besuch.

  (2 Personen => Markus ist „mein Bruder“)

- Markus, mein Bruder und Lukas kamen zu Besuch.

  (3 Personen => „Mein Bruder“ wird namentlich gar nicht erwähnt.)

Bsp 1. $3 * (5 + 8) - 9 = 30$

Bsp 2. $3 * 5 + 8 - 9 = 14$

Einfach nur, weil die Klammer aufgehoben wurde, haben sich die Ergebnisse vollkommen verändert. Dieses liegt an den beiden einfachsten und grundlegendsten mathematischen Regeln, die jeder von uns bereits zu Beginn seiner Schullaufbahn gelernt hat:

1) „Punkt- vor Strichrechnung“ und

2) „Klammern haben Vorfahrt“

Aber genauso wie hier verhält es sich auch bei jeder anderen Regel und jedem anderen mathematischen Symbol. Zuallererst musst du wissen, was die Symbole bedeuten, und dann musst du wissen, wie du mit ihnen umgehen beziehungsweise rechnen kannst. Allein hierbei fängt es schon an!

Was bedeutet ein „Gleich-Zeichen“ [=] und was bedeutet ein „Entspricht-Zeichen“ [≙]? Was ist der Unterschied zwischen ihnen und wann verwendest du was?

Und gleiches gilt ebenso für die griechischen Buchstaben und Formelzeichen in den anderen rechnerischen Fächern wie **Physik und Astronomie.** Diese Fächer sehen wir uns jetzt im Detail an:

Die *Physik* [φυσική] bedeutet vom Altgriechischen ins Deutsche übersetzt *„Naturforschung“*. Und per Definition setzt sich der Begriff Astronomie aus den Wörtern *Astron* [ἄστρον] *(Stern)* und *Nomos* [νόμος] *(Gesetz)* zusammen und bedeutet vereint *„Gesetz der Sterne“*. Da sich die Astronomie hauptsächlich physikalischen Gesetzen und darin inbegriffen mathematischen Berechnungen bedient, betrachten wir beide naturwissenschaftliche Fachrichtungen, zumindest was das Thema Lernen angeht, im Folgenden als Eins.

Grundsätzlich ist es von Dozent zu Dozent unterschiedlich, was er in seiner Vorlesung durchnimmt. Es kann sein, dass dein Prof. dir wichtige Hinweise und Tipps bezüglich der Rechnungen gibt, weshalb du seine Vorlesungen besuchen solltest.

Genauso kann es dir aber auch passieren, dass er überhaupt nichts anderes macht, als vom Anfang bis zum Ende nur über Herleitungen zu sprechen. In der Klausur wirst du jedoch nicht über die Herleitungen der Formeln abgefragt, sondern es wird dein Umgang mit ihnen getestet. Und dabei helfen dir seine Vorlesungen, wenn sie ausschließlich aus Herleitungen bestehen, überhaupt nicht. In diesem Fall brauchst du die Vorlesungen quasi gar nicht zu besuchen, doch die Praktika bzw. Übungsstunden werden dafür umso wichtiger.

Mache auch fleißig immer deine Hausaufgaben, damit du auch außerhalb der – in der Regel – zwei oder drei akademischen Stunden den praktischen Umgang mit den Formeln einübst. Denn genau dieses Üben, an dem du unbedingt auch während deiner Vorlesungszeiten kontinuierlich festhalten solltest, bringt dir den größten Erfolg in der Klausur.

Bezüglich des Umgangs mit Formeln, egal in welchem Fach, ist es im ersten Schritt am wichtigsten, zu verstehen, wofür die Buchstaben[24] stehen, was sie bedeuten und was die Werte aussagen, die du dort einsetzt. Nehmen wir einfach mal eine ganz grundlegende und simple Formel aus der Mechanik, um dieses zu erläutern:

Das Drehmoment am einseitigen Hebel ($M = F * r$)

1. Frage: Wofür stehen die Buchstaben?

   M ≙ Dreh**m**oment

   F ≙ wirkende Kraft (eng.: **F**orce / lat.: **F**ortitudo)

   r ≙ Länge des Hebelarms (**R**adius)

2. Frage: Was bedeuten sie?

   M: Das Drehmoment M [Nm] wird in der Einheit Newtonmeter [Nm] angegeben, was das Produkt aus Newton mal Meter darstellt. Es beschreibt die Auswirkung einer vektorialen Kraft F [N] auf einen Punkt, der in einem bestimmten Abstand r [m][25] von der Drehachse entfernt ist.

   F: Die Kraft F [N] ist = Masse m[26] [kg] * Beschleunigung a $[\frac{m}{s^2}]$

[24] Manchmal handelt es sich um griechische und manchmal um lateinische Buchstaben. Da griechische Buchstaben jedoch eher die Regel als eine Ausnahme sind, lohnt es sich, dir einfach mal einen Abend Zeit zu nehmen und das griechische Alphabet auswendig zu lernen. Klar, es ist nicht deine liebste Freizeitbeschäftigung, aber es wird dir im Laufe deines Studiums eine deutliche Vereinfachung geben. Denn du weißt direkt, wie beispielsweise ein großes (Σ) und ein kleines Sigma (σ) aussehen. Wenn sie dann in einer Formel stehen, kennst du sie direkt, hast sofort einen Überblick und brauchst nur noch deinem Dozenten zuzuhören, während alle anderen mit den ganzen neuen Buchstaben erst einmal hinterherkommen müssen.

[25] Die Buchstaben in den eckigen Klammern bezeichnen die Einheiten, in denen der jeweilige Wert in der Formel angegeben werden soll. In diesem Fall steht das kleine *m* für *„Meter"*.

[26] Die Formelzeichen sind Symbole für die Bezeichnung des einzutragenden Wertes. Hier steht das kleine *m* für *„Masse"*.

Was speziell die Gewichtskraft angeht, die hier bei einem Drehmoment wirkt, rechnest du mit der Erdbeschleunigung (9,81 $\frac{m}{s^2}$).

In den Grundkursen kannst du in der Regel aber vereinfacht mit 10 $\frac{m}{s^2}$ rechnen, weshalb eine Tafel Schokolade (100g) eine Gewichtskraft von 1 N (0,1 kg * 10 $\frac{m}{s^2}$) hat. In fortgeschritteneren Modulen, in denen es um sehr viel höhere Massen geht, besonders in den geologischen Modulen, ist es jedoch sehr wichtig, die wahre Erdbeschleunigung in den Rechnungen zu verwenden.

r: Der Abstand – oder besser gesagt der Radius – r bezeichnet die Distanz zwischen der Drehachse und dem Punkt, an dem die Kraft F wirkt.

3. Frage: Was sagen die Werte aus, die ich dort einsetze?

M [Nm]: Wenn wir uns vorstellen, dass die Kraft F und der Radius r bei gleicher Erhöhung proportional zueinander immer größer werden, so erhalten wir in einem dreidimensionalen Koordinatensystem eine quadratische Kurve. Das an sich ist nichts Außergewöhnliches, aber dieses zu verstehen ist wichtig, um ein Gefühl für die Richtigkeit deines Ergebnisses zu haben.

Bsp.:

F * r = M

25 N * 2,5 m = 62,5 Nm

50 N * 5 m = 250 Nm

100 N * 10 m = 1.000 Nm

Bei unserem Beispiel des Drehmomentes am einseitigen Hebel ist das ausgesprochen einfach und schon fast gar nicht nennenswert. Es geht einfach nur darum, dass du siehst, was das Ergebnis, das du in einer Aufgabe berechnet hast, eigentlich aussagt und wie die Werte innerhalb deiner Rechnung zusammenwirken.

F [N]: Je nachdem, welches Studienfach du studierst, hast du mit enormen Kräften zu tun, sodass du gar nicht mehr im Newtonbereich rechnest, sondern mit Kilonewton [kN] (1.000 N) oder sogar Meganewton [MN] (1.000.000 N). Pass besonders dann auf, dass du immer mit den gleichen Größen rechnest!

Wenn du also eine Aufgabe hast, bei der beispielsweise einmal 450 N wirken und einmal 1,2 kN und einmal 0,8 kN, dann bring zuerst alle Werte in eine Einheit. In unserem Beispiel ist die Einheit kN am einfachsten:

$$450 \text{ N} * \frac{1\,kN}{1.000\,N} = 0{,}45 \text{ kN}$$

Wenn du hierauf achtest, hast du schon den größten Flüchtigkeitsfehler in deiner Klausur vorgebeugt!

Aber was würde es eigentlich in der Realität bedeuten, wenn du mit Kilo- oder Meganewton rechnest?

Wir hatten vorhin schon das Beispiel einer Tafel Schokolade (100g), die wir vereinfacht mit 1 N anstelle von eigentlich 0,981 N ansetzten. Im Folgenden wollen wir dir einfach mal anhand einer kleinen Tabelle demonstrieren, mit welchen Gewichtskräften du eigentlich (vereinfacht dargestellt) rechnest:

kg	**t**	**N**	**kN**	**MN**
1	0,001	10	0,01	0,00001
10	0,01	100	0,1	0,0001
100	0,1	1.000	1	0,001
1.000	1	10.000	10	0,01
10.000	10	100.000	100	0,1
100.000	100	1.000.000	1.000	1
1.000.000	1.000	10.000.000	10.000	10
10.000.000	10.000	100.000.000	100.000	100
100.000.000	100.000	1.000.000.000	1.000.000	1.000

Mache dir immer bei einer Rechnung bewusst, in welchem Größenbereich du eigentlich gerade rechnest. Entspricht dein Ergebnis auch diesem Größenbereich oder haut das nicht hin? Allein durch so eine simple Überprüfung, bei der du nichts rechnen, sondern nur nachdenken brauchst, kannst du in der Regel sehr schnell feststellen, ob dein Ergebnis richtig ist oder nicht.

r [m]: Gleiches gilt auch für den Radius. Der Unterschied ist jedoch, dass wir in der Regel eine ausgeprägtere Vorstellungskraft von Längen sowie von Flächen und Volumina haben, weil wir tagtäglich mit ihnen zu tun haben.

Wenn wir über die Autobahn fahren, denken wir in km. Wenn es um die Wohnungs- oder Zimmergröße geht, denken wir in m^2. Und wenn wir auf einem Blatt zeichnen, ziehen wir die Linien in cm und mm.

Problematisch wird es in der Regel eher dann, wenn es um Einheiten geht, die uns nicht so geläufig sind wie Hektar [ha], Nanometer [nm], Mikrometer [µm] oder Kubikzentimeter [cm^3]. Auch hier wieder: Je nach Studienfach musst du mit diesen Einheiten rechnen können.

Um dein Gefühl für die Längen-, Flächen- und Volumeneinheiten zu verbessern, würden wir dir gerne ein paar weitere Tabellen an dieser Stelle vorstellen. Leider sind diese jedoch sehr groß und werden unleserlich. Schau deswegen einfach mal über den folgenden QR-Code[27] im Internet bei den Umrechnungstabellen rein und verschaffe dir einen Überblick über die verschiedenen Umrechnungsfaktoren bei den einzelnen Längen, Flächen und Volumina:

27 https://meinstein.ch/math/masseinheiten/

Du wirst erstaunt sein, wie groß die Umrechnungsfaktoren sind! Fürs bessere Verständnis: Halte dir vor Augen, in welchen Dimensionen du dich befindest. Längen haben nur eine, Flächen zwei und Volumina sogar drei Dimensionen.

Ein schönes Beispiel, um das zu verdeutlichen, ist die folgende Frage: Wie viele Würfelchen, deren Kantenlängen 1 mm betragen, passen in einen Würfel, dessen Kantenlängen wiederum 1 cm betragen?

Einmal kurz nachdenken...

Man denkt es gar nicht, aber es sind tatsächlich 1.000 winzige Würfelchen, die in den minimal größeren Würfel reinpassen!

Wie sollte es bei einer Kantenlänge von 1 mm aber auch anders sein, denn $10 \text{ mm} * 10 \text{ mm} * 10 \text{ mm} = 1.000 \text{ mm}^3 \triangleq 1 \text{ cm}^3$!

Wie du merkst, kommen bei diesem Beispiel also direkt zwei der erwähnten Tipps zum Tragen. Zum einen die Umrechnung der Einheiten und zum anderen die Dimensionen.

Diese Beispiele waren nur die Veranschaulichung unserer Empfehlung, was du im ersten Schritt tun solltest, um eine Formel zu verstehen. Du kannst genauso mit allen anderen Formeln auch fächerübergreifend umgehen – egal, ob es in der Mathematik oder Physik ist! Auch bei einer Matrizenrechnung oder exponentiellen Funktion ist es am wichtigsten, als erstes zu verstehen, wofür die Variablen stehen, was sie bedeuten und was die Werte aussagen, die du dort einsetzt oder rausbekommst.

Nun besteht der zweite Schritt im Umgang mit Formeln darin, diese Formeln immer und immer wieder anzuwenden, bis sich der Rechenvorgang in deinem Kopf quasi automatisiert. Wenn du dieses Niveau erreicht hast, bist du für die Klausur bestens vorbereitet und dann kann kommen, was wolle. Wichtig hierbei ist, zu beachten, dass sich diese Automatisierung nicht innerhalb von zwei Tagen kurz vor der Klausur einstellen kann, sondern nur durch einen längeren Automatisierungsprozess, der dich das gesamte Semester begleitet. Sei deswegen fleißig und mache, wie bereits eingangs erwähnt, immer deine Hausaufgaben und übe mit den Formeln schon während deiner Vorlesungszeit und nicht erst zwei, drei Tage vor der Klausur.

Chemie und Biochemie

Die *Chemie* [χημεία] aus dem Altgriechischen auf Deutsch übersetzt *„die Kunst der Metallgießerei"* ist die Lehre, die sich mit den Eigenschaften, dem Aufbau und der Umwandlung von chemischen Stoffen befasst. Diese Stoffe können sowohl einzelne Elemente, Verbindungen oder auch Gemische sein.

Das wichtigste Werkzeug des Chemikers ist das Periodensystem. Wenn du damit arbeiten kannst und verstehst, was die ganzen einzelnen Zahlen und Buchstaben bedeuten, dann hast du schon gewonnen und kannst die einzelnen Prozesse, Reaktionen und Verbindungen ohne große Umstände verstehen.

Was ist beispielsweise die Bedeutung der Ordnungszahl? Was kannst du mit der Information, die sie dir gibt, anfangen?

Die Ordnungszahl gibt an, wie viele Protonen sich im Atomkern des jeweiligen Elementes befinden. In neutralen Atomen entspricht sie auch der Gesamtzahl der Elektronen. Je nachdem wie viele Schalen das jeweilige Element hat, bleiben dann gemäß dem Schalenmodel der Atomhülle – das du auch auswendig im Kopf haben solltest – die entsprechende Anzahl an reaktionsbereiten Elektronen in der Außenhülle übrig. Aus dieser Information kannst du dann Reaktionsschemata aufstellen und vieles mehr. Woher weißt du eigentlich, wie viele Schalen ein Atom hat? Das sagt dir die Periode, in der du das jeweilige Element findest.

Erklärendes Beispiel:

Das Element Wasserstoff [H] steht in der I. Periode, hat also nur eine Schale, und die Ordnungszahl 1, also nur ein Proton im Atomkern. Im Normalfall kannst du davon ausgehen, dass das Wasserstoffatom neutral ist, weshalb du daraus ableiten kannst, dass Wasserstoff dementsprechend auch nur ein Elektron hat. In der ersten Schale ist nur Platz für zwei Elektronen, weshalb Wasserstoff nur noch ein Elektron eines anderen Atoms binden kann.

Sauerstoff [O] steht in der II. Periode, hat also zwei Schalen, und hat die Ordnungszahl 8. Auch bei Sauerstoff kannst du davon ausgehen, dass es ein neutrales Atom ist, weshalb du ebenso auch von insgesamt 8 Elektronen in den beiden Atomschalen ausgehen kannst. Von den insgesamt 8 Elektronen sind bereits 2 in der ersten Schale gebunkert, weshalb noch 6 Elektronen in der zweiten Schale sind. Da in der zweiten Schale maximal 8 Elektronen Platz finden, kann Sauerstoff nur noch zwei Elektronen von andren Atomen binden.

Betrachten wir einmal die Verbindung zwischen diesen beiden Elementen, die neben weiteren Wasserstoffoxiden bekannterweise Wasser [H_2O] ergeben, können wir aus unserer Herleitung Folgendes erarbeiten:

Jeweils ein Elektron der beiden Wasserstoffatome geht eine Verbindung mit jeweils einem Elektron des Sauerstoffatoms ein und bilden zwei Elektronenpaare. Somit sind bei allen drei Atomen die Außenhüllen vollständig besetzt.

Aber was ist mit den vier noch eigentlich freien Elektronen in der Außenhülle des Sauerstoffatoms? Diese bilden mit sich selbst zwei eigene Elektronenpaare. Daher kommen auch in der Valenzstrichformel die zwei komischen Striche über dem O:

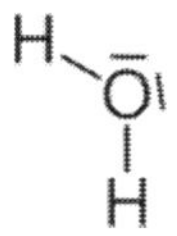

All das kannst du ganz einfach anhand des Periodensystems erarbeiten. Natürlich ist das Beispiel von Wasser wirklich sehr simpel, aber genauso funktioniert das Prinzip auch bei sehr viel komplexeren Molekülen und Reaktionen. Wenn du das einmal verstanden hast und fast schon im Schlaf anwenden kannst, hast du bei diesem Thema eigentlich keine Probleme mehr.

Ein weiterer wichtiger Punkt ist der Umgang mit Reaktionsgleichungen. Wenn du einmal verstanden hast, wie Reaktionsgleichungen aufgebaut sind und wie sie funktionieren, dann ist alles im Lot. Ein beliebter Flüchtigkeitsfehler ist jedoch zu übersehen, dass die Summe aller Atome vor und nach der Reaktion gleich sein muss. Das ist eigentlich nicht sonderlich kompliziert, wird aber gerne vergessen.

Nehmen wir ein Beispiel aus der Biochemie: Die Reaktion von Wasser [H_2O] und Kohlenstoffdioxid [CO_2] unter Einwirkung der Sonneneinstrahlung zu Traubenzucker bei der Fotosynthese im Blatt einer Pflanze.

$$H_2O + CO_2 \rightarrow C_6H_{12}O_6$$

Das, was ich hierhin geschrieben habe, ist falsch! Wie können aus zwei Wasserstoffatomen aus dem Nichts zwölf werden? Das geht nicht! Gleiches gilt auch für die sechs Kohlenstoffatome! Und was passiert mit den ganzen Sauerstoffatomen? Richtig wäre:

$$6\ H_2O + 6\ CO_2 \rightarrow C_6H_{12}O_6 + 6\ O_2$$

Jetzt stimmt auch die Summe der Atome auf beiden Seiten der Reaktionsgleichung. Nun haben wir auf jeder Seite jeweils achtzehn Sauerstoff-, zwölf Wasserstoff- und sechs Kohlenstoffatome.

Wenn du diese Funktionsweise der Reaktionsgleichungen verstanden und ebenso wie im Schlaf anwenden kannst, dann kannst du auch noch sehr viel komplexere Reaktionsgleichungen aufstellen und begreifen.

Wie du merkst, geht es in der Chemie besonders um das Verständnis von Prozessen, Reaktionen sowie ihrer Darstellung. Egal worum es sich im Detail dreht, zuallererst musst du verstehen, was passiert beziehungsweise was abgebildet ist und wie es funktioniert. Wenn du dein Kerngerüst des Verstehens einmal aufgebaut hast, ist alles Weitere nur noch Übungssache. Aber genau dieser Punkt kommt oftmals zu kurz.

Während die meisten anderen Studenten während der Vorlesungszeit chillen und sich entspannt zurücklehnen, solltest du zumindest einen Teil deiner Zeit nutzen, um das, was du frisch in den Vorlesungen und den Übungen gelernt hast, sowohl durch die Hausaufgaben als auch darüber hinaus einfach freiwillig einzuüben.

Die meisten Studenten wiederholen den Stoff des gesamten Semesters erst ein paar Tage vor der Klausur. Aber in diesen paar Tagen wirst du selbstständig weder ein Verständnis der Materie noch eine Automatisierung der Rechen- und Darstellungsprozesse erreichen. Dies bedarf kontinuierlicher Übung – selbst wenn es immer nur ein wenig ist.

Sei deswegen fleißig und mache immer deine Hausaufgaben und übe schon während deiner Vorlesungszeit und nicht erst in der vorlesungsfreien Zeit, die ja gerne auch als Semesterferien bezeichnet wird. Mache sie zu wahren Semesterferien, sodass du vor den Klausuren gar nicht mehr so viel tun brauchst, indem du langsam, aber kontinuierlich schon während der Vorlesungszeit anfängst, zu lernen.

Biologie und Biotechnik

Per Definition setzt sich der Begriff **Biologie** aus den beiden griechischen Worten *Bios* [βίος] *(Leben)* und *Logos* [λόγος] *(Lehre)* zusammen und bedeutet somit *„Die Lehre des Lebens“.*

In diesem Fachgebiet beschäftigst du dich mit einer Vielzahl an Themengebieten wie den verschiedenen Reichen der eukaryotischen Lebewesen

(Tiere [Fauna], Pflanzen [Flora] und Pilze [Fungi]) sowie den Prokaryoten, ihren Kategorisierungen, ihren Eigenschaften, ihrem Aufbau, ihrer Umwelt und den damit verbundenen Fachbegriffen.

In der **Biotechnik** hast du neben den biologischen Modulen und Schwerpunkten ebenso (Bio-)Chemie, (Bio-)Physik und Mathematik als festen Bestandteil deines Studiums. Dadurch, dass dieser Studiengang jedoch besonders biologieorientiert ist, habe ich ihn hier mit eingefasst. Dennoch ist entsprechend dem Umfang der Biotechnik das gesamte Unterkapitel *„Fakultätsorientiertes Lernen -> Naturwissenschaften“* für dich von Bedeutung, wenn du diesen Studiengang studierst.

Was nun – wieder zurück zur Biologie – die Kategorisierung der Lebewesen, ihre Eigenschaften und die Umwelt, in der sie leben, angeht, brauchst du ein ausgeprägtes räumliches und bildhaftes Gedächtnis. Hinsichtlich der Kategorisierung, in welche Familie oder Gattung ein Lebewesen einzuordnen ist, kannst du dir diese am besten durch Schaubilder und Mindmaps merken.

Besonders bei den Eigenschaften der verschiedenen Lebewesen ist es oftmals schon ausreichend, ein Bild davon vor deinen Augen zu haben und dann die Eigenschaften mit den entsprechenden Körperteilen zu verbinden. Das ist ja auch nichts großartig anderes als das, was du bei der Loci-Methode machst. Wenn du dir beispielsweise merken willst, dass der Gepard in einem Sprint Geschwindigkeiten von bis zu 120 $\frac{km}{h}$ erreicht, dann stelle dir die kräftigen Hinterbeine eines Gepards vor und „schreibe“ die 120 $\frac{km}{h}$ in Gedanken dazu. Nebenbei bemerkt, einfach mal, damit du dir das besser vorstellen kannst, diese Geschwindigkeit entspricht bemerkenswerten 33,33 $\frac{m}{s}$.

Gleiches gilt auch für die Biotope, in denen die Tiere oder Pflanzen leben. Wenn du in deinen Gedanken das jeweilige Lebewesen auf einer Weltkarte, in der die Klimazonen dargestellt sind, positionierst, hast du bereits viele Umwelteinflüsse auf dem Schirm. Das Gute an dieser gedachten Weltkarte gegenüber einer einfachen bildhaften Vorstellung des Lebewesens in seiner Umwelt ist, dass du andere Lebewesen mit diesem Fleckchen Erde ebenso verknüpfen oder auch ausschließen kannst.

Was ist damit gemeint? Wenn du dir beispielsweise nur vorstellen würdest, dass Eisbären in einer Umgebung leben, in der – ungeachtet der Klimaerwärmung – das ganze Jahr über Eis und Schnee liegen und gleiches bei

Pinguinen, könnte es passieren, dass du Eisbären als potenzielle Fressfeinde der Pinguine ansehen könntest. Prinzipiell mag diese Überlegung stimmen, weil Pinguine sehr viel kleiner und schwächer als Eisbären sind und daher tatsächlich eine gute Beute für sie abgeben würden. Jedoch lässt dieser Gedanke außer Acht, dass diese beiden Tierarten örtlich vollständig voneinander getrennt sind. Während die Eisbären in der Arktis leben, sind die Pinguine in der Antarktis, also am ganz anderen Ende der Welt heimisch. Aus diesem Grund wäre diese Vermutung niemals wissenschaftlich haltbar und wäre in einer Prüfung einfach falsch. Natürlich ist dieses Beispiel sehr einfach gewählt, aber genauso verhält es sich auch bei anderen Tier- und Pflanzenarten.

Bezüglich des Aufbaus von Lebewesen, Zellen, Organen, Organellen und allem, was du in deinem Studium hinsichtlich Aufbaus lernen musst, sind Schaubilder ein absolutes Muss. Solche Darstellungen sind zwar in der Regel ohnehin fest in deinen Lernmaterialien verankert, jedoch ist ein vernünftiges Verständnis dieser Bilder wichtig. Denn auch hier ist das räumliche Verständnis und die Vorstellung von ihnen ausschlaggebend. Sobald du einmal ein Bild mit den verknüpften Fachbegriffen in deinem Kopf hast, kannst du die Informationen quasi schon im Schlaf abrufen und bist bereit für die Prüfung – und später auch für die berufliche Praxis.

Sowie beim Aufbau gehören Fachbegriffe auch bei den anderen Teilbereichen der Biologie einfach dazu. Grundsätzlich leiten sich die meisten Begriffe in der Biologie aus dem Lateinischen oder Altgriechischen ab. Aber wenn du nicht bereits ein Latinum oder ein Graecum in der Tasche hast, kann niemand von dir erwarten, das jetzt nachzuholen. Deswegen gibt es in Bezug auf die Art und Weise des Lernens für dich zwei Arten von Begriffen. Einmal die, die du stupide auswendig lernen musst, und einmal die, die du verstehen musst.

Dass die Wachstumsschicht eines Baumes *Kambium* [übernommen aus dem Lateinischen *cambium = Wechsel*] heißt, musst du – falls du kein Latinum hast – einfach auswendig lernen. Dennoch gibt es grundlegende Vokabeln, die du kennen solltest, weil sie dir dein Lernen um einiges vereinfachen. Zu diesem Grundwortschatz gehören beispielsweise die Präfixe *endo = innen, exo = außen* und *inter = zwischen.*

Wenn du in einer Zelle das *endoplasmatische Retikulum* hast, musst du „Retikulum“ zwar auswendig lernen, aber „endoplasmatisch“ kannst du dir selbst herleiten: Der Baustein „endo“ bedeutet „innen“ und der Baustein „plasmatisch“ ist einfach nur das Adjektiv von „(Zell-)Plasma“ => Somit bedeutet das

Wortgebilde *endoplasmatisch* in einem kurzen Satz ausformuliert: „Innerhalb des Zellplasmas." Das *endoplasmatische Retikulum* ist also das *innerhalb des Zellplasmas liegende Retikulum*.

Du merkst bestimmt schon, dass diese aufwendigen Fachbegriffe trotz ihrer Komplexität oftmals Kürzungen und Vereinfachungen sind, wodurch ein Fachmann präzise und dennoch kurz und knapp ausdrücken kann, was er meint.

Gleiches gilt auch bei vielen weiteren Fachbegriffen! Wenn du dir beispielsweise einmal gemerkt hast, dass *-ase* die Endung von Enzymen ist, kannst du dir einige Namen und Funktionen des jeweiligen Enzyms selbst erklären.

Nehmen wir als Beispiel das Enzym, welches *Malzzucker* [Zweifachzucker (*Disacharid*)] zu *Glucose* [Einfachzucker (*Monosacharid*)] spaltet. Der Name dieses Enzyms ist *Maltase*.

Das Enzym leitet sich oftmals – zwar nicht immer, aber in vielen Fällen wie auch hier – aus dem Namen des Stoffes ab, den es spaltet. Auf diese Weise musst du quasi einfach nur noch *-ase* an diesen hinten anhängen und schon hast du den Namen des Enzyms. Umgekehrt kannst du natürlich auch den Stoff, den das Enzym spaltet, oftmals auf die gleiche Weise ermitteln.

Ein weiterer sehr wichtiger Aspekt ist kontinuierlicher Fleiß sowie regelmäßiges Üben und Wiederholen, da du ein umfassendes Wissen und Verständnis nicht innerhalb weniger Tage vor der Klausur aufbauen kannst. Bedenke dabei, dass es bei dem Wissen, was du jetzt lernst, nicht nur darum geht, es in der Klausur wiedergeben zu können, sondern auch darum, dass du es später in der Forschung oder beruflichen Praxis anwenden kannst. Lerne deswegen schon neben deinen Vorlesungen und nicht erst in der vorlesungsfreien Zeit kurz vor der Prüfung. Außerdem nimmt dir das kurz vor der Prüfung sowohl den Lern- als auch zumindest stückweit den Prüfungsstress.

Medizin

Das Medizinstudium ist sogar noch vor Jura mit Sicherheit das umfangreichste Studium, für das du dich entscheiden kannst. Die Regelstudienzeit beträgt nicht um sonst insgesamt ganze 6 Jahre (12 Semester) und 3 Monate.[28] Dementsprechend viel Lernstoff wird dir in dieser Zeit begegnen. Mache dir aber keine Sorgen, denn schwierig sind für dich nur die Studiengänge zu lernen, für die du dich nicht interessierst. Hast du genügend Motivation, ein großes Interesse am Fach und ein klares Ziel vor Augen, dann wirst du den ganzen Lernstoff schon verarbeiten können.

Bezüglich dieser großen Menge an Informationen gibt es eine Vielzahl an verschiedenen Themenbereichen, für die du unterschiedlich lernen musst. Grundsätzlich kannst du dir aber alle Teilbereiche des Unterkapitels *„Fakultätsorientiertes Lernen -> Naturwissenschaften"* durchlesen.

Geht es um den Aufbau des menschlichen Körpers oder die Funktionen der menschlichen Organe, findest du Anleitungen zum Lernen im Bereich der Biologie. Musst du dich mit biochemischen Prozessen im Körper oder den Auswirkungen medikamentöser Stoffe auf den Menschen befassen, findest du Lernstützen im Bereich der Chemie. Und geht es um medizinische Geräte, die sich Phänomenen der Physik wie dem Ultraschall oder den Röntgenstrahlen bedienen, findest du ebenso dementsprechend im Unterkapitel der Physik Hilfestellungen.

In einem so umfangreichen und gleichzeitig verantwortungsvollen Fachbereich solltest du bezüglich der Art und Weise wie du effektiv lernen kannst, es jedoch nicht ausschließlich bei diesem Buch belassen. Sprich mit den Studenten aus den höheren Semestern und knüpfe Kontakte! Sie werden dir oftmals ausführliche Lernmaterialien sowie eine Menge Tipps und Tricks zur Verfügung stellen können. Die erste Anlaufstelle hierfür ist für dich die Fachschaft und danach die Studentischen Hilfskräfte der einzelnen Module. Sie sind extra für studentische – und somit auch für deine – Angelegenheiten da und wenn du Hilfe brauchst, bist du bei ihnen in der Regel immer herzlich willkommen!

---

[28] Nebenbei bemerkt: In vielen Modulhandbüchern findest du die Angabe, dass die Regelstudienzeit entsprechen des BAföG 12 Semester beträgt, jedoch von vielen Studenten in der Praxis bis ins 13. oder 14. Semester überzogen wird. Mache dir deswegen keinen Druck, wenn du die Regelstudienzeit überziehen solltest, das ist ganz normal!

Du kannst aber auch gerne einfach mal einen Studenten im Fakultätsgebäude ansprechen. In der medizinischen Fakultät laufen in der Regel nur Mediziner rum – im Gegensatz beispielsweise zu den Geisteswissenschaften, wo du Geschichtswissenschaft, Sprachwissenschaft, Religionswissenschaft und alles Drum und Dran in einem einzigen Fakultätsgebäude hast. Da kann ein Student nicht einfach mal jemanden Ansprechen und erwarten, direkt einen von seinem eigenen Studiengang zu erwischen. Bei dir ist das abgesehen von den Vertiefungsrichtungen glücklicherweise aber etwas anders. Deswegen sei mutig und rede mit den Menschen!

Prinzipiell kannst du auch zu deinen Dozenten entweder nach einer Vorlesung oder in ihrer Sprechstunde gehen – Falls du dich für die Sprechstunde entscheidest, informiere dich nur vorher, ob eine Anmeldung nötig ist. In der Praxis haben sie jedoch oftmals sehr viel um die Ohren und kaum Zeit, um sich ausgiebig Zeit für einen einzelnen Studenten zu nehmen. Versuch es aber einfach mal, denn mehr als zu hören, dass sie gerade beschäftigt sind, kann dir nicht passieren. Deine Dozenten waren auch einmal Studenten und mussten den ganzen Lernstoff auch einmal in ihre Köpfe reinhämmern. Den ein oder anderen Tipp werden sie mit Sicherheit für dich haben.

Prüfungen und Präsentationen

Das letzte große Thema, dem wir uns in diesem Buch widmen, bilden Prüfungen und Präsentationen. Beides sind Aspekte deines Studiums, denen du große Aufmerksamkeit schenken solltest, da sie mindestens Bedingungen für die Anrechnung eines Moduls sind, wenn nicht sogar die abschließende Modulnote ergeben. Anders als in der Schule besteht deine Abschlussnote eines Moduls nämlich zu 100 % aus deiner Note in der Klausur, mündlichen Prüfung <u>oder</u> Hausarbeit – es kommt ganz darauf an, was das Modulhandbuch für die Art des jeweiligen Moduls vorsieht.

Es gibt auch Studiengänge, da hast du ausschließlich Klausuren als Modulabschlussprüfungen, aber auch da musst du dich mit dem Thema *Hausarbeiten* auseinandersetzen, denn vereinfacht gesagt ist deine Bachelor- oder Masterarbeit nichts anderes als eine aufwendigere und detailliertere Hausarbeit. Und das Gleiche gilt auch für mündliche Prüfungen, denn spätestens zum Abschluss deines Bachelors wirst du eine mündliche Prüfung über deine Bachelorarbeit halten.

Prüfungsängste

Noch bevor wir uns der Prüfung selbst widmen können, müssen wir uns erst mal mit einem anderen sehr wichtigen damit verbundenen Thema beschäftigen. Es bewegt viele Studierende sowohl während ihrer Prüfung als auch schon bevor sie sich überhaupt in irgendeiner Prüfungssituation befinden. Dieses heikle Thema ist die Prüfungsangst.

Die Prüfungsangst äußert sich oftmals durch physische Beschwerden wie anhaltenden Stress, Schweißausbrüche, Schlaflosigkeit und Übelkeit sowie durch psychische Leiden wie eine allgemeine negative Haltung oder im Extremfall sogar Katastrophendenken.

Die Schwierigkeit bei dem psychischen Stress besteht darin, dass dessen Auswirkungen auf den Körper die gleichen sind wie die des körperlichen Stresses. Das bedeutet, dass der Körper in einen „Kampfmodus" schaltet, der bewirkt, dass das Blut und die Energie hauptsächlich zu den Muskeln geleitet wird anstelle zum Gehirn. Deswegen kannst du schlechter denken und bringst weniger Hirn-Leistung. Der Höhepunkt dieses „Hirnabschaltens" ist das bekannte sowie gefürchtete Black-Out.

Um diesen Stress abzubauen, kannst du prinzipiell immer ausgiebig Sport treiben, unabhängig von der Art und Weise, wie die Prüfungsangst bei dir in deinem individuellen Fall überhaupt zustande kommt.

Wenn du willst, blättere an dieser Stelle einfach zurück zur zweiten Hälfte des Kapitels *Stressabbau im Studium*. Dort findest du ein paar Tipps in puncto Sport.

Abgesehen vom Sport gibt es noch eine ganze Reihe an Tipps und Tricks, mit denen du deine Prüfungsangst überwinden und sogar ein Black-Out besiegen kannst. Sie variieren jedoch je nach Ursache der Prüfungsangst in jedem individuellen Fall. Lies dir die folgenden Punkte einfach mal in Ruhe durch und gehe entsprechend dem vor, was deiner Situation am besten entspricht.

1. Ursache: Mangelhafte Vorbereitung

Die mit Sicherheit am einfachsten zu lösende Ursache und dennoch oftmals der häufigste Ausgangspunkt der Prüfungsangst ist eine mangelhafte Vorbereitung. Wenn du erst zwei Tage vor der Klausur anfängst, zu lernen und versuchst, den gesamten Stoff aus dem kompletten Semester in deinen Kopf zu hämmern, ist deine Vorbereitung einfach nicht ausreichend. In dieser kurzen Zeit schaffst du es nicht, ein tiefes Wissen sowie ein umfassendes Verständnis für das Fach aufzubauen – selbst dann nicht, wenn du ein Genie bist.

Verfolge die Vorlesungen, mach immer deine Hausaufgaben und fang frühzeitig an, zu lernen. Wenn du mit dem Beginn deiner Vorlesungszeit anfängst, den Stoff durchzugehen, zu verstehen und wiederzugeben – schau hierfür noch mal bei den *Lerntechniken* vorbei – brauchst du kurz vor der Klausur die Themen nur noch zu wiederholen und die ein oder andere Übung dazu zu machen. Dies, weil du bereits dein Wissen aufgebaut und ein ordentliches Verständnis der Thematik erworben hast.

2. Ursache: Zu hohe Erwartungen an dich selbst

Es ist nachvollziehbar, dass du richtig Gas gibst, wenn du das Ziel hast, einer der besten Studenten des Jahrgangs zu werden. Frage an dich: „Was nützt dir das?“

Wenn du gerade im Bachelor bist, du daraufhin deinen Master machen willst und dieser einen N.C. von Drei Komma Und oder vielleicht sogar gar keinen N.C. hat, dann brauchst du keinen Schnitt von 1,0 – nicht einmal von 2,0! Entspann dich und schalte einfach mal einen Gang runter! Und selbst wenn du im Bachelor einen N.C. von 2,3 bräuchtest, aber „nur“ einen Schnitt von 2,5 erreicht hast, was solls? Dann geh einfach zu einer anderen Hochschule, wo der N.C. niedriger ist und mach da deinen Master!

Und selbst wenn es um deinen Masterabschluss geht, nach dem du arbeiten gehen willst und dich deswegen mit diesem Notenschnitt bewerben musst, dann ist das doch trotzdem egal! Wenn du einmal in einem Unternehmen drin bist, fragt dich auch niemand mehr nach deinem N.C. im Master; Da geht es vielmehr um das, was du kannst und leistest!

Deswegen: Solltest du extrem hohe Erwartungen an dich selbst haben und Perfektionismus an den Tag legen, dann überdenke diese Erwartungshaltung gegenüber dir selbst. Mache dir bewusst, dass eine schlechte Note in der anstehenden Prüfung keine negativen Auswirkungen auf dein Leben in ein paar Jahren haben wird. Diese eine Prüfung kann dir dein Leben nicht versauen!

Weißt du, besonders in Berufen, mit denen du dich sehr gut selbstständig machen kannst, jucken deine Noten absolut niemanden! Oder bist du schon mal zu deinem Hausarzt gegangen und hast ihn nach seinen Noten gefragt? Nein, oder? Egal ob es ein Arzt ist, ein Architekt, ein Ingenieurbüro oder was auch immer, du fragst nicht nach den Noten, sondern bewertest dessen Arbeit entsprechend seines fachmännischen Könnens. Und selbst wenn du nicht das Ziel hast, dich nach deinem Studium selbstständig zu machen, denkst du, die Unternehmen sind so blauäugig und achten nur auf die Noten? Die Unternehmen brauchen keinen ach so tollen Studierten, der allen erklären will, wie ihre Arbeit zu machen sei, sondern sie wollen gute und fähige Mitarbeiter! Wenn du in deinem Bewerbungsschreiben und in deinem Vorstellungsgespräch glänzen kannst, kann das die ein oder andere nicht so gute Note ausgleichen.

Hab deswegen keine zu extremen Forderungen an dich selbst, sondern schraube deine Messlatte etwas nach unten. Sieh die ganze Sache entspannt und dann wirst du das Schiff schon schaukeln!

3. Ursache: Angst vor Blamage

Vor wem sollst du dich blamieren? Meinst du, dein Prüfer hätte in seiner Zeit als Student nicht auch die ein oder andere Klausur in den Sand gesetzt? Auch wenn manche Dozenten sehr überheblich wirken, sie waren ebenso wie du einmal ganz gewöhnliche Studenten. Und ich würde behaupten, dass es vollkommen normal für jeden Studenten ist, Prüfungen zu verhauen. Dafür brauchst du dich überhaupt nicht zu schämen!

Weshalb solltest du dich außerdem blamieren? Wenn du gut gelernt und sicher in der Materie bist, was soll denn noch schief gehen? Soll eine ganz spezielle Detailfrage der Untergang deiner ganzen Prüfung sein? Mach dir keine Sorgen! Wenn du dich ausreichend vorbereitet hast, gibt es überhaupt nichts, wovor du Angst haben brauchst!

Außerdem kannst du Prüfungssituationen einüben. Vor etwas, was dir vertraut ist, hast du keine Angst. Wenn du dich mit einer simulierten Prüfungssituation vertraut machst und dich an sie gewöhnst, wirst du in einer realen Prüfung ein vertrautes Empfinden haben, was dir deine Angst ebenso mindern wird.

4. Ursache: Druck von außen

Bestimmt kennst du das auch aus deiner eigenen Umgebung: Es gibt ein Familienmitglied, dass immer die tollsten Vorstellungen von dir und deinen Studienleistungen hat, dass du vor lauter Erwartungen und Druck so eine enorme Enge verspürst, dass dir die Luft zum Atmen fehlt. Oder es gibt einen Freund, der dich so was von verrückt macht, dass du gar nicht mehr weißt, wo vorne und hinten ist.

Versuche, diese Leute, die so extreme negative Einflüsse auf dich haben, besonders vor einer Prüfung gar nicht zu sehen und gar nicht mit ihnen zu sprechen. Sobald die Prüfungsphase vorbei ist, ist das natürlich wieder etwas anderes, aber vor einer Prüfung solltest du mit ihnen auf gar keinen Fall in Kontakt stehen, denn nur ein Zweifel oder eine Erwartung genügt, um deine Prüfungsangst zu befeuern.

Und selbst wenn du den Kontakt nicht vermeiden kannst, stelle dir folgende Fragen:

„Was nützt es mir, wenn ich die Erwartung dieser Person erfülle?“ Antwort: „Gar nichts!“

„Welchen Schaden trage ich davon, wenn ich die Erwartung dieser Person nicht erfülle?“ Antwort: „Gar keinen!“

Diese Personen, die dich so verrückt machen, helfen dir nicht. Und auch ihre Meinung ist nichts wert. Mach dir das bewusst und lebe dein Leben. Führe dein Leben und lass die anderen sagen und denken was sie wollen. Sei, wer du bist – und das ist vollkommen ausreichend!

5. Ursache: Schlechte Erfahrungen

Natürlich schüren schlechte Erfahrungen in Klausuren deine Prüfungsängste. Auf der einen Seite ist das vollkommen normal, aber auf der anderen Seite auch sehr gefährlich! Wenn du auch noch begreifst, dass die Angst der Hauptgrund deines Scheiterns war, befindest du dich in einer Spirale, die immer enger und somit auch immer schlimmer wird. Aus dieser musst du unbedingt ausbrechen!

Hab keine Angst vor der Angst! Denn die Angst kann dir gar nichts! Deine Angst ist wie ein Pferd, dass du zähmen musst. Es ist mit etwas Anstrengung verbunden, aber wenn du es einmal überwältigt hast, kannst du es lenken und steuern, wie du willst.

Und wenn die letzte Klausur schiefgelaufen ist, dann kann das im Regelfall zwei Ursachen haben:

Entweder warst du nicht gut drauf vorbereitet oder du standst dir aufgrund deiner Angst einfach selbst im Wege. Was die Prüfungsvorbereitung angeht, folgen nach diesem Kapitel noch einige Punkte, die in Hinblick auf die Prüfungsvorbereitung über die Art und Weise des Lernens hinausgehen. Und bezüglich des Vorbeugens der Prüfungsangst beschäftigen wir uns ja gerade. Egal, welcher von beiden Problemquellen der Grund für die letzte schlechte Note ist, du kannst daran arbeiten und es besser machen! Denke daran, die Zügel hast DU in der Hand!

Jetzt haben wir uns mit den fünf Hauptursachen der Prüfungsangst befasst und uns darum bemüht, sie zu beseitigen, noch bevor sie überhaupt auftreten. Was ist aber nun, wenn dich die Angst dennoch in einer Prüfung überkommt?

Das Wichtigste ist zuallererst, dass du deine Ruhe bewahrst. Setz dich hin und atme durch. Atme langsam und entspannt durch und lenke deine Aufmerksamkeit von deiner Angst weg. Manche Psychologen empfehlen, mit den dicken Zehen einfach zu wackeln, damit Energie und Konzentration auf sie gerichtet wird, da du unter Stress Techniken vergessen kannst, deine Zehen jedoch nicht. Ähnlich ist es mit Muskelentspannungsübungen, bei denen du deinen ganzen Körper erst mal an- und danach wieder entspannst. Wenn du das einige Male gemacht hast, trägt das zum Stressabbau bei. Weitere Psychologen raten wiederum dazu, deiner Prüfungsangst ein Gesicht zu geben und mit ihr zu sprechen. Je nachdem, was du für ein Typ bist, kann dieses Gespräch eher ernsthaft oder auch humorvoll sein. Wichtig ist dabei, dass deine Angst kein übermächtiges Monster ist, sondern ein Gesprächspartner, mit dem du ganz normal reden kannst. Des Weiteren ist darüber hinaus noch die Art und Weise wichtig, wie du mit der Prüfung umgehst. Näheres zu diesem Punkt erfährst du in den folgenden Kapiteln.

Klausuren

Ebenso wie mündliche Prüfungen oder Hausarbeiten dienen die schriftlichen Klausuren der Feststellung deiner Modulabschlussnote. Dabei gibt es verschiedene Möglichkeiten, wie deine Klausur aufgebaut sein kann.

Zuallererst können wir zwischen einer Online-Klausur und einer Klausur vor Ort in der Uni unterscheiden. Manchmal ändert die Art und Weise, wie die Klausur geschrieben wird, nichts am Inhalt, häufig aber schon. Diesbezüglich kann es sein, dass du Multiple-Choice-Aufgaben gestellt bekommst, Fragen unter Nennung einer bestimmten Anzahl an Aspekten beantworten musst oder kurze Essay-Aufgaben vorliegen hast. Oftmals setzt sich eine Klausur aber auch aus den verschiedenen Aufgabentypen zusammen. Wie du am besten mit dieser Fülle an Varianten und Inhalten klarkommst, thematisieren wir gleich.

Aber wie kannst du dich am besten erst mal überhaupt auf die Klausur vorbereiten?

Mit Abstand ist das Wichtigste, dass du nicht erst ein paar Tage vor der Prüfung damit anfängst, für sie zu lernen. Spätestens sobald der Prüfungstermin feststeht, solltest du anfangen zu lernen. Besser wäre es jedoch, schon parallel zu den Vorlesungen immer alles zu Hause zu wiederholen und zu üben. Nutze deine Zeit, versuche, sie nicht zu vertrödeln, und lerne entsprechend dem, was du in den bisherigen Kapiteln *Lernen*, *Lernstrategien* und *fakultätenorientiertes Lernen* kennengelernt hast.

Sprich außerdem mit deinen Dozenten und frag die Studenten in den fortgeschrittenen Semestern über ihre Erfahrungen mit ihm. Sowohl von den Dozenten als auch von den anderen Studenten wirst du nützliche Hinweise bekommen. Es ist in der Regel nämlich so, dass Dozenten in der Klausur entweder nur allgemeines Oberflächenwissen aus allen Themengebieten abfragen oder sich ein Thema rauspicken und dein Detailwissen darüber testen. Und falls ein Dozent ein Lieblingsthema oder Ähnliches hat, wirst du das durch deine Nachforschung auch erfahren.

Nachdem du dich mit deinem Wissen so gut auf die Klausur vorbereitet hast, wie du dich nur vorbereiten konntest, steht die organisatorische Vorbereitung an. Mach dir im Vorfeld eine Liste mit allen Dingen, die du zur Klausur mitnehmen musst: Schmierzettel, Stifte, erlaubte Hilfsmittel und was du sonst noch alles brauchst. Indem du dir das alles aufschreibst, brauchst du nicht am Tag deiner Prüfung darüber nachzudenken, was du alles mitnehmen musst und hast deinen Kopf auf diese Weise freier und hast direkt unnötigen Stress vermieden.

Um auch weiteren Stress, den du nicht gebrauchen kannst, zu vermeiden, solltest du frühzeitig aus dem Haus gehen. Plane dir genügend Zeit ein, sodass du nicht zu spät zur Klausur erscheinst, selbst wenn ein Bus oder eine Bahn ausfällt oder, falls du mit dem Auto fahren solltest, in einen Stau gerätst.

> Nebenbei bemerkt, wenn du gestresst bist, empfehlen wir dir, nicht mit dem Auto zu fahren. Zum einen wird dich der Verkehr noch nervöser machen und zum anderen kann Aufregung, sei sie negativ oder auch positiv, tragödienreiche Folgen haben. In einem unserer Heimatorte ist jemand nach der bestandenen Gesellenprüfung vor Aufregung gegen einen Baum gefahren und hat sein Leben verloren. Deswegen raten wir dir, sei verantwortungsbewusst dir selbst gegenüber und nutze lieber den ÖPNV.

Versuche so zu planen, dass du trotz Verspätung mindestens eine Viertelstunde vor Klausurbeginn am Prüfungsort ankommst, falls die Suche nach dem richtigen Raum etwas länger dauert oder damit du noch einmal auf die Toilette gehen und dein Gesicht mit kaltem Wasser waschen kannst. Versuche auch, vor der Klausur keinen Kaffee oder andere koffeinhaltige Getränke zu trinken, damit das deine Nervosität nicht steigert.

Die Zeit, die dir jetzt noch bleibt, bis der Raum geöffnet wird, solltest du bitte unter keinen Umständen dafür nutzen, um noch mal kurz in deine Unterlagen reinzuschauen. Du bist sehr gut vorbereitet und dein größter Feind ist in diesem Moment nicht die Unwissenheit oder dass dir gerade ein kleines Detail nicht einfällt, sondern die Aufregung. Kümmere dich lieber um dich selbst, beruhige dich und lenke deine Aufmerksamkeit auf schöne und beruhigende Dinge. Höre dir beispielsweise Naturgeräusche und Vogelstimmen im Internet an. Das wird dir für die Prüfung mehr bringen als ein schneller Blick ins Lehrbuch.

Wenn dann die Türe aufgeht und du reingehen kannst, geht es auch schon direkt zu deinem Platz. Grundsätzlich gibt es zwei Möglichkeiten: Entweder wird dir ein Sitzplatz zugewiesen oder du kannst ihn dir aussuchen.

Für den Fall, dass du die freie Wahl hast, empfiehlt es sich, dich möglichst vorne hinzusetzen. Dort bekommst du alles mit und es ist einfach, mal eben so schnelle und kurze Verständnisfragen an den Prof. zu stellen, die du dich vielleicht sonst nicht trauen würdest, wenn du den Dozenten erst mal durch den ganzen Hörsaal rufen müsstest. Außerdem wirst du nicht so stark von den anderen abgelenkt. Besonders dann nicht, wenn die anderen schon anfangen abzugeben und du dir vielleicht denken könntest: „Bin ich so langsam?“ Oder: „Weiß der nichts, dass der jetzt schon abgibt?“.

Und das tolle beim frühen Dasein ist, dass selbst dann, wenn du dir deinen Sitzplatz nicht selbst aussuchen kannst, du im Regelfall als einer der Ersten auch direkt nach vorne gesetzt wirst – genau dahin, wo du auch hinwillst.

Bist du an deinem Platz angekommen, solltest du deine Stifte, Schmierzettel und erlaubten Hilfsmittel auf deinen Tisch legen. Eine Flasche Wasser und ein paar Bonbons können auch nicht schaden. Vergewissere dich noch mal, dass dein Smartphone ausgeschaltet und sich nicht an deinem Körper, sondern beispielsweise in deiner Tasche befindet. Nutze jetzt die verbleibende Zeit, bis dein Dozent damit anfängt, die Klausur zu erläutern, um dich ruhig und möglichst entspannt zu halten. Nur mit einem klaren Kopf durchblickst du die Aufgabenstellungen und machst keine Flüchtigkeitsfehler.

Ist es dann so weit, die Klausur wird ausgeteilt und der Dozent teilt euch noch ein paar Hinweise und Erklärungen mit, dann höre ihm aufmerksam zu. Er erzählt euch das nicht aus Langeweile, sondern weil er es für euch wichtig findet, für die Klausur zu wissen.

Geht es dann los und ihr könnt mit der Klausur beginnen, fangen viele Studenten sofort mit Frage 1 an und schreiben wie wild drauf los. Das ist das Schlechteste, was du in diesem Moment überhaupt machen kannst!

Es hört sich komisch an, aber kümmere dich zuerst um die Formalitäten. Schreibe auf jedes Blatt deinen Namen und wenn gefordert das Datum und deine Matrikelnummer. Es ist keine sonderlich fordernde Aufgabe, aber es muss halt gemacht werden. Und lieber jetzt, als wenn dir das am Ende der Klausur auffällt und die Zeit vorbei ist und du nicht mehr schreiben darfst. Solltest du dann noch schreiben, selbst wenn es nur dein eigener Name ist, ist die Klausur für dich gelaufen und wird mit 5,0 gewertet.

Sobald du das gemacht hast, lies dir erst mal die Aufgabenstellungen durch, verstehe sie und beachte dabei die Punkteverteilungen. Die Punkte sagen dir nicht nur, welche Aufgaben für dich am wichtigsten sind, sondern auch in welchem Umfang du sie beantworten sollst. Beginne deswegen zuerst mit den

Aufgaben, die die meisten Punkte bringen. Das Priorisieren deiner Aufgaben kennst du ja schon vom Pareto-Prinzip. Zum einen hast du dann direkt zu Beginn der Klausur schon die großen Fische an Land gezogen, wodurch du die Klausur quasi schon in der Tasche hast und es nicht mehr ums Bestehen, sondern nur noch um eine gute Note geht. Und zum anderen hast du zu Beginn der Klausur noch ein Gefühl für mehr Ausführlichkeit. Ich will nicht sagen, dass du dann mehr Zeit hättest als gegen Ende der Klausur, aber von deiner inneren Einstellung her ist dein Stresspegel noch nicht so hoch. Aus diesem Grund fällt es dir am Anfang der Klausur leichter, ausführlich auf eine Frage, die Ausführlichkeit auch tatsächlich verlangt, zu antworten als am Ende.

Bei Studenten, die dieses doch eigentlich einfache Vorgehen nicht kennen oder weshalb auch immer nicht beachten, passiert es schnell, dass sie bei einer Frage, die 3 Punkte bringt, aber am Anfang des Klausurbogens steht, mit ganz vielen Sätzen antworten, aber eine Frage, die 10 Punkte bringt, aber am Ende des Klausurbogens steht, verhältnismäßig wenig geschrieben haben. Mehr als diese 3 Punkte wirst du für die eine Aufgabe nicht bekommen und die 10 Punkte hättest du in diesem Fall mit Gewissheit verfehlt – einfach nur wegen der nicht ausreichenden Ausführlichkeit der Antworten. Diese simple Methodik macht oftmals den größten Teil einer erfolgreichen Klausur aus!

Was solltest du aber tun, wenn du die Antwort auf eine Frage mal nicht weißt?

Das ist gar kein Problem und lass dich davon auch nicht unter Druck setzen – auch wenn die Aufgabe viele Punkte bringen sollte! Beantworte erst mal entsprechend der gerade genannten Vorgehensweise die anderen Fragen und stelle diese eine Aufgabe hinten an. Dann hast du normalerweise immer noch Zeit, um nachzudenken und ein paar Sätze, die dir so in den Kopf kommen, aufzuschreiben.

Selbst wenn du nicht weißt, ob es richtig ist, schreibe deine Antwort hin! Nur bei Multiple-Choice-Aufgaben solltest du aufpassen, weil viele Dozenten da Minus-Punkte geben. Das bedeutet, dass sie dir bei einer falschen Antwort Punkte abziehen. Aber abgesehen davon, wenn deine Dozenten Minus-Punkte geben, solltest du wirklich immer das hinschreiben, was dir in den Kopf kommt.

Achte hierbei nur darauf, dass du nicht mehrere Lösungen zu einer Fragestellung abgibst, sondern alles als einen zusammenhängenden Antwortblock schreibst. Ansonsten kann es dir nämlich passieren, dass dein Dozent sagt: „Ich weiß nicht, welche der verschiedenen Lösungen der Student nun als Antwort zur Bewertung abgegeben hat, deswegen ist einfach alles falsch.“ Natürlich kann es dir passieren, dass dir schon während der Klausur auffällt, dass du etwas falsch gemacht hast und es korrigieren musst, aber dann streiche das Falsche deutlich durch!

Dann noch zu der Frage, **wie** du deine Antworten aufschreiben solltest.

Diesbezüglich ist es so, dass du unbedingt Fachbegriffe verwenden solltest, aber bitte richtig. Lerne im Vorfeld schon so, dass du wie ein Fachmann über das Thema sprechen und schreiben kannst.

Und noch eine wichtige Sache: Du bekommst keine Punkte für Schönschrift! Natürlich muss dein Dozent deine Schrift lesen können, um dir überhaupt Punkte zu geben, aber du sollst keinen Preis für Schönschrift bekommen! Schreibe leserlich – ja! – aber schreibe vor allem entsprechend der wenigen Zeit, die du für die Klausur hast, zügig!

Die Zeit ist neben deinem gelernten Wissen die wichtigste Ressource, um die Klausur sehr gut zu absolvieren. Lasse dich deswegen nicht von Nebengeräuschen, wenn die Tür aufgeht oder ein anderer Student aufstehen muss, ablenken! Bleibe fokussiert bei deinen Aufgaben und dann wirst du deine Klausur auch gut schaffen!

Hast du dann alle Fragen beantwortet und du hast noch Zeit, dann spring nicht sofort auf: „Ha, Erster!“ Es ist egal, wann du abgibst, ein frühzeitiges Abgeben der Klausur wird dir keine Extrapunkte geben. Nutze deswegen noch die Zeit, die dir bleibt, sinnvoll aus und kontrolliere, ob du wirklich alle Aufgaben beantwortet hast – und vergiss nicht, nochmal zu überprüfen, ob dein Name und die anderen notwendigen Angaben auf allen abzugebenden Blättern stehen. Wenn du alles erledigt hast, gehe die Inhalte der Aufgaben durch und vergewissere dich, dass du die Aufgabenstellungen nicht missverstanden und passende Antworten geschrieben hast. Fällt dir ein Fehler auf, dann korrigier ihn, so gut du in der dir verbleibenden Zeit noch kannst. Auf diese Weise gewinnst du noch einige wertvolle Punkte!

Wenn du dich gut vorbereitet und deinen Stresspegel sowohl vor als auch während der Klausur im Griff hast, steht einer guten Note jetzt eigentlich nichts mehr im Wege. Halte dich an diese Tipps, streng dich an, gib dein Bestes und dann schaffst du auch herausragende Prüfungsleistungen!

Mündliche Prüfungen

Je nachdem, in welchem Modul du dich befindest, musst du eine mündliche Prüfung ablegen, um es abzuschließen. Gleichzeitig stellt die Note deiner mündlichen Prüfung auch die Modulnote dar. Und selbst, wenn du keines dieser Art von Modulen haben solltest, weil du im Rahmen eines anderen Studienmodells studierst, wird sich deine Bachelor- oder Masternote aus zwei Teilnoten zusammensetzen: Zum einen aus der schriftlichen Note deiner Abschlussarbeit und zum anderen aus der Note der mündlichen Prüfung, die du über deine Abschlussarbeit halten musst. Ob so oder so, irgendwann in deinem Studium wird das Thema *mündliche Prüfungen* mit sehr großer Wahrscheinlichkeit relevant für dich sein.

Wie bereitest du dich am besten auf eine mündliche Prüfung vor?

Das Wichtigste ist wie immer, dass du nicht erst ein paar Tage vor der Prüfung mit dem Lernen beginnst. Der Prüfungstermin wird dir nicht umsonst bereits Wochen oder teilweise sogar schon Monate vorher bekannt gegeben. Nutze deine Zeit und lerne entsprechend dem, was du bisher in dem zweiten Teil dieses Buches über das Thema *Lernen*, *Lernstrategien* und *fakultätenorientiertes Lernen* kennengelernt hast.

Finde außerdem heraus, wie die Rahmenbedingungen deiner mündlichen Prüfung aussehen werden. Ein Austausch mit Studenten aus den höheren Semestern oder ein Blick in die organisatorischen Aushänge deines Dozenten sind da sehr vorteilhaft. Versuche neben den absoluten Basics wie *wo und wann die Prüfung stattfinden wird* in Erfahrung zu bringen, *wer deine Prüfer sind* und ob sie *Lieblingsthemen* haben. Meistens kannst du neben den Erfahrungen der älteren Semester auch auf der Seite deiner Hochschule Informationen zu allen Dozenten finden – somit auch zu deinem Prüfer. Schaue dir an, was seine Spezialgebiete sind und worauf er sich in seinen eigenen Arbeiten fokussiert.

Des Weiteren ist es wichtig zu wissen, ob Hilfsmittel zugelassen sind und wenn ja welche. Wenn du Hilfsmittel benutzen dürftest und tust es aus Unwissenheit allerdings nicht, wird dennoch der gleiche Wissensstand vorausgesetzt und das kann deine Note mindestens um ein paar Notenpunkte schlechter machen. Ebenso von Nutzen ist es für dich in Erfahrung zu bringen, wie die mündliche Prüfung bei dem jeweiligen Prüfer meistens aufgebaut ist. Auch, ob er lieber Detailwissen abfragt oder doch eher Überblickswissen. Führt er die Prüfung wie ein Gespräch oder eher wie eine Frage-Antwort-Runde oder erwartet er von dir, einen Kurzvortrag zu halten? All diese Fragen solltest du vorab unbedingt klären und dich dementsprechend auf deine mündliche Prüfung weiter vorbereiten.

Zu dieser Vorbereitung gehört auch, dass du dich mit ein paar Studenten aus deinem Kurs zusammentust und ihr anhand der gesammelten Informationen die mündliche Prüfung mehrmals für jeden von euch simuliert. Auf diese Weise wird die Prüfungssituation vertrauter und ihr verliert die Angst vor dem Unbekannten. Natürlich ist es am Ende dann doch etwas anderes, wenn dein Prof. vor dir sitzt und es nicht mehr um Übung, sondern um eine entscheidende Note geht. Jedoch bereitet dich diese Simulation auf deine Prüfung um einiges besser vor, als wenn du allein in deinem Zimmer sitzt und einen Vortrag im Monologformat hältst. Jedoch kann selbst das deinen Erfolg in der mündlichen Prüfung steigern.

Wie verhältst du dich am besten während einer mündlichen Prüfung?

Das Einfachste, was du machen kannst, um direkt im Vorfeld unnötigen Stress zu vermeiden, ist, dass du nicht erst auf den letzten Drücker vor dem Prüfungsraum erscheinst, sondern schon frühzeitig dort ankommst. Plane dir auf deinem Weg zur Prüfung genügend Zeit für eventuelle Verspätungen ein, sodass ein Bus- oder Bahnausfall dir nicht deine Prüfung kostet. Komm am besten spätestens 15 Minuten vor der Prüfung am Prüfungsort an, sodass du noch mal in Ruhe auf die Toilette gehen und dir dein Gesicht mit kaltem Wasser waschen kannst.

Wenn du dann vor dem Prüfungsraum stehst und merkst, wie der Stress immer größer wird, dann denk an die Tipps aus dem Unterkapitel *Prüfungsängste*.

Und jetzt ist es soweit... Die Türe geht auf und du wirst hereingebeten. Dir wird der Platz gezeigt, den die Prüfer für dich vorgesehen haben und du setzt dich hin. Sind Hilfsmittel erlaubt, lege sie vor dir auf den Tisch und schlage sie schon einmal auf. Sind keine Hilfsmittel zugelassen, leg einfach deine Hände vor dir auf den Tisch.

Solltest du mit zu hohem Stress zu tun haben, dann wackele mit deinen Zehen oder spann deinen Körper kurz an und entspanne ihn direkt wieder. Wiederhole das in den gezählten Sekunden ein paar Mal, bis der Prüfer dich anspricht.

In der Regel spricht er dich erst mal entspannt an und fragt, wie es dir geht und ob du eine gute Anreise hattest. Das lockert das Gespräch und lenkt zumindest für eine kurze Zeitspanne deine Aufmerksamkeit weg von der Prüfung und deiner Angst auf etwas vollkommen Normales und Alltägliches. Daraufhin stellt er dir aber auch schon die erste Frage…

Ab diesem Punkt kann der Verlauf deiner mündlichen Prüfung verschiedene Richtungen einschlagen. Am entscheidendsten hierbei ist, ob dein Prüfer gerne ein offenes Gespräch, ein Frage-Antwort-Pingpong oder einen Kurzvortrag von dir erwartet. Aus diesem Grund ist deine Vorbereitung auch so immens wichtig. Aber egal ob so oder so, eine Sache ist in Bezug auf deine Art und Weise zu sprechen sehr wichtig: Verkaufe dein Wissen!

Wenn du zu einem Verkäufer in ein Geschäft gehst und ein Produkt kaufen willst, wie sieht dann das Verkaufsgespräch aus? Der Verkäufer präsentiert dir das Produkt von seiner schönsten Seite, mit allen nennenswerten Informationen, die du dazu hören willst, und er verdeckt die Mängel des Produktes. Und genauso musst du es auch mit deinem Wissen machen! Erzähle deinem Prüfer alle nennenswerten Informationen zu der von ihm gestellten Frage, aber umgehe die Aspekte, bei denen du dir unsicher bist oder gar kein weiteres Hintergrundwissen hast. Oftmals stellt ein Prüfer nachfolgende Fragen ausgehend von dem, was du gesagt hast, wodurch du auch in der nächsten Frage sicher bist. Hast du jedoch einfach nur etwas nachgeplappert, was du in irgendeiner Vorlesung mal nebenbei aufgeschnappt hast, kann dir das ein paar Punkte kosten, wenn er dich ausgerechnet genau danach fragt und du dann nichts weiterweißt.

Des Weiteren ist es notwendig, den Gemütszustand deines Prüfers zu erkennen. Auch dein Prüfer ist nur ein Mensch und kann einen schlechten Tag haben. Sollte das der Fall sein, lass dich davon nicht aus der Ruhe bringen, sondern versuche einfach nur noch mehr auf die Vorstellungen deines Prüfers einzugehen. Will er Frage-Antwort-Pingpong mit dir spielen, dann versuche nicht, daraus ein offenes Gespräch zu machen. Dein Prüfer sitzt am längeren Hebel und kann dich das an einem schlechten Tag auch spüren lassen. Hab keine Angst davor, sondern passe dich einfach der Situation an. Das ist ganz normal und auch einfach menschlich. Hat er jedoch einen guten Tag, kann es dir sehr wohl passieren, dass er sich darauf einlässt, wenn du in eine bestimmte Richtung der Gesprächsführung gehst.

Beachte aber hierbei, dass wenn dein Prüfer nur dasitzt, dir zuhört und nichts weiter in seiner Mimik oder Gestik erkennbar ist, das nichts Schlechtes zu bedeuten haben muss. Dein Dozent darf dir einfach nur nicht helfen. Und wenn er dich anlächeln oder dir zunicken würde, verstößt er schon gegen die Prüfungsordnung. Befürchte also nicht, dass eine empfundene Neutralität deines Prüfers darauf hinweisen würde, dass deine Antworten irgendwie schlecht seien oder dass er irgendetwas gegen dich hätte. Er hält sich einfach nur an die Prüfungsordnung und das ist alles.

Ein sehr viel besserer Anhaltspunkt, um schon während der Prüfung zu merken, wie gut oder nicht gut deine Antworten sind, ist die Anzahl der – ich nenne sie einfach mal – *unterstützenden Fragen*. Auch, wenn dein Prof. dir nicht helfen darf, kann er dir Fragen stellen, die deine Gedanken in die richtige Richtung lenken. Hat er dir schon viele dieser Fragen stellen müssen, weißt du, dass du sehr wahrscheinlich bereits an der Top-Note vorbei gerutscht bist. Hat er diese unterstützenden Fragen bisher jedoch kaum oder sogar gar nicht gestellt, sieht es sehr gut für dich aus.

Wenn du dich gut vorbereitet und deinen Stresspegel im Griff hast, steht einem guten Prüfungsgespräch und somit auch einer guten Note aber eigentlich nichts mehr im Wege, ganz unabhängig davon, wie dein Prof. drauf ist. Streng dich an, gib dein Bestes und dann schaffst du das auch!

Hausarbeiten

Eine Hausarbeit ist kurz erklärt eine schriftliche wissenschaftliche Auseinandersetzung mit einer Problemstellung oder Leitfrage, die du durch deine eigenen Anstrengungen und Überlegungen anhand wissenschaftlicher Quellen aufarbeitest.

Neben Klausuren und mündlichen Prüfungen sind Hausarbeiten in vielen Studiengängen ebenso Mittel, um deine Modulabschlussnote festzulegen. Je nach Studiengang kann es aber auch sein, dass dir deine erste Hausarbeit erst am Ende deines Studiums in einem umfangreichen Ausmaß begegnet: Deine Bachelor- oder Masterarbeit.

Aber ob so oder so, früher oder später musst du dich mit dem erfolgreichen Verfassen einer Hausarbeit auseinandersetzen, denn das, was eine herkömmliche Hausarbeit von deiner Abschlussarbeit unterscheidet, ist prinzipiell nur der inhaltliche Umfang. Ansonsten musst du alle Formalitäten und wissenschaftlichen Auflagen in jedem Fall einhalten. Dennoch sei an dieser Stelle erwähnt, dass wir aufgrund des hohen Umfangs speziell deiner Abschlussarbeit jedoch vergleichsweise lediglich eine kurze Einführung in das wissenschaftliche Arbeiten geben können. Für deine Bachelor-, Master- oder Doktorarbeit solltest du dich noch mal tiefer gehend mit der Materie beschäftigen, mit deinem Dozenten, der deine Abschlussarbeit betreut, regelmäßig sprechen und das Beratungsangebot deiner Hochschule wahrnehmen.

Aber wie beginnst du eine Hausarbeit?

Grundsätzlich kannst du keine Hausarbeit schreiben, solange du kein Thema hast, worüber du sie schreiben sollst. Der erste Schritt besteht also darin, dir ein Thema aus den Themengebieten der Vorlesung deines Dozenten – oder bei deiner Abschlussarbeit allgemein aus deinem Studienfach – auszusuchen und dazu eine Leitfrage aufzustellen. Verständlicherweise sollte dieses Thema auch interessant für dich sein, damit du dich nicht die ganze Zeit damit rumquälst, sondern auch eine gewisse Freude dabei hast. Bezüglich der Leitfrage besteht die Kunst darin, sie auf eine möglichst wissenschaftliche Art und Weise zu stellen. Nehmen wir einmal das Beispiel aus dem Kapitel der Geisteswissenschaften. Wenn du Geschichte studieren solltest, wäre Folgendes keine wissenschaftliche Frage: „Wie kam Napoleon in Frankreich an die Macht?" Eine schon eher wissenschaftliche Frage wäre hingegen: „Was sind die Ursachen dafür, dass Napoleon Bonaparte nach der Abschaffung der Aristokratie und der Etablierung einer Demokratie durch die Französische Revolution dennoch ein Kaisertum errichten konnte?" Wie du merkst, geht es um Detailfragen, die es zu erforschen gilt und nicht um die simple Wiedergabe von allgemeinen Erkenntnissen, auch wenn es quasi ein und dasselbe Thema ist. Sei dir dessen bei der Formulierung deiner eigenen wissenschaftlichen Leitfrage unbedingt bewusst.

Schau dir außerdem währenddessen auch direkt an, welche Literaturquellen du zu dem von dir gewählten Thema findest. Denn grundsätzlich solltest du je nach Studiengang mindestens eine Monografie, einen wissenschaftlichen Artikel aus einem Sammelband sowie einen Artikel aus Handbüchern oder Enzyklopädien verwenden. Je nachdem können die Mindestanforderungen sogar höher sein, kläre das im Detail noch mal mit deinem Dozenten ab! Aus diesem Grund solltest du auf jeden Fall direkt auf Anhieb genügend Informationsmaterialien finden. Sollte dem nicht so sein, dann wähle lieber ein anderes Thema, bei dem du mehr wissenschaftliche Quellen findest.

Wenn du dann dein Thema mit der passenden Fragestellung gefunden hast, dann geh zu deinem Dozenten in die Sprechstunde und hol dir sein Okay.

Sobald du das hast, besteht der nächste Schritt darin, dir einen Plan zu erstellen. In der vorlesungsfreien Zeit hast du in der Regel nicht nur die eine Hausarbeit zu erledigen, sondern es stehen Klausuren, mündliche Prüfungen und vielleicht sogar weitere Hausarbeiten auf dem Plan. Strukturiere deswegen deine Tage und plane für jede Aufgabe genügend Lern- beziehungsweise Schreibzeit ein. Beachte dabei, dass die Recherchen und Korrekturen normalerweise ähnlich viel Zeit in Anspruch nehmen wie das Schreiben an sich. Hier helfen dir die Methoden aus den ersten Kapiteln des Buches bezüglich *Organisation und Selbstmanagement*.

Wenn du dann deinen Plan erstellt hast, kannst du daraufhin anfangen, Informationen zu sammeln. Verschaffe dir dafür erst einmal einen Überblick über die verschiedenen Quellen. Das Literaturverzeichnis deines Dozenten aus der Vorlesung kann dir eine gute Stütze sein, jedoch solltest du dich nicht darauf beschränken.

Welche Artikel und Bücher sind für deine Fragestellung relevant? Es kommt selten vor, dass ein komplettes Buch für dich von Nutzen ist, in welchen Kapiteln findest du Wissenswertes für deine Nachforschungen? Findest du noch etwas im Katalog deiner Hochschulbibliothek? Ansonsten vielleicht noch im Internet bei *Google-Books* oder *Google-Scholar*? Ansonsten gäbe es da noch die *Zeitschriftendatenbank* und die *Staatsbibliothek Berlin* – auf all diesen Internetseiten kannst du online nach wissenschaftlichen Arbeiten, Artikeln und Büchern zu deinem Thema suchen.

Sobald du dir einen Überblick verschafft hast, gehst du über zum Lesen. An dieser Stelle hilft dir die SQ3R/SQ4R-Methode aus dem Kapitel *Lerntechniken*. Mach dir Notizen mit Seitenangaben zu den jeweiligen Inhalten – das erleichtert dir nachher das Zitieren! Auch wenn du außerhalb von Büchern Informationen sammelst und dir dazu Notizen machst, schreibe dir immer dazu, wo du welche Info herhast.

> Es gab schon häufig bekannte Plagiatsfälle, wo jemandem sein Doktortitel aberkannt wurde, weil er plagiiert hat. Plagiieren bedeutet einfach ausgedrückt, dass man Informationen aufschreibt, die man von jemand anderem hat, ohne anzugeben, dass sie von ihm sind – also ohne zu zitieren. Das klingt vielleicht harmlos, kann dir aber im schlimmsten Fall nicht nur

deine Hausarbeit, sondern auch deine Abschlussarbeit kosten – auch im Nachhinein! Aus diesem Grund ist das richtige Zitieren neben der Wissenschaftlichkeit auch für dich so wichtig! Wenn du diesen Tipp befolgst, solltest du diesbezüglich aber keine Probleme bekommen. Alternativ gibt es noch die Möglichkeit, über eine Plagiatssoftware online deine Hausarbeit, nachdem du sie fertiggestellt hast, zu überprüfen. Vielleicht nicht unbedingt bei einer herkömmlichen Hausarbeit, aber besonders, wenn du deine Abschlussarbeit oder Dissertation schreiben solltest, kann das von Vorteil sein.

Nachdem deine Recherchearbeit abgeschlossen ist, solltest du erst mal Struktur in deine Unterlagen bringen. In welcher Reihenfolge bringst du die Informationen für eine gute Argumentation ein? Beachte hierbei auch besonders die Vorgaben bezüglich der Gliederung und Inhalte bezüglich Einleitung, Hauptteil und Schluss!

Lege dir einen roten Faden und schreib als Erstes passende Überschriften entsprechend deiner festgelegten Struktur. Daraufhin kannst du anfangen, unter jede Überschrift die passenden Informationen aufzuschreiben. Und denke dabei nicht bei jedem einzelnen Satz über die perfekte Formulierung nach, sondern fang einfach an zu schreiben. Der Feinschliff kommt erst gegen Ende des Schreibprozesses. Das, worauf du aber schon achten solltest, ist direkt die Zitate einzubauen. Wie du richtig zitierst, ist von Fakultät zu Fakultät und von Seminar zu Seminar unterschiedlich. Sprich im Zweifelsfall mit deinem Dozenten über die richtige Zitationsweise oder schau einfach mal online auf der Homepage deines Studiengangs rein – in der Regel unter *„Studentische Angelegenheiten"* oder ähnlicher Überschrift. Vielleicht findest du dort eine detaillierte Anleitung fürs richtige Zitieren.

Nachdem du deine Hausarbeit aus der Perspektive des Inhaltes vervollständigt hast, besteht der nächste Schritt in der Überprüfung. Lies deine Hausarbeit mindestens einmal komplett durch und verbessere alles, was nicht dem hochschulischen Standard entspricht. Achte auf eine wissenschaftliche Ausdrucksweise und überarbeite jegliche Alltagssprache. Vereinfache komplizierte Sätze und hab ein Auge auf deine Rechtschreibung. Pass auch auf, dass du immer in einer Zeitform, dem wissenschaftlichen Erzählen, bleibst und nicht in den Zeitformen variierst – es sei denn natürlich, es muss wirklich sein. Hast du alle Orte und Personen, wenn sie das erste Mal erwähnt wurden, durch eine Fußnote kurz vorgestellt und Fachbegriffe erklärt?

Formatiere deine Arbeit entsprechend der Vorgaben deiner Hochschule und füge alles Geforderte wie ein Deckblatt, das Literaturverzeichnis und die Eigenständigkeitserklärung hinzu. Eine Anleitung hierfür bekommst du entweder von deinem Dozenten oder du findest sie häufig auf der Seite deines Studiengangs – in der Regel ebenso unter *„Studentische Angelegenheiten"* oder ähnlichem Titel.

Wichtig ist auch, dass du im Text deiner Hausarbeit zitierst und an ihrem Ende ein Literaturverzeichnis anhängst. Auch der Name Literaturverzeichnis ist sehr wichtig! Es ist kein Quellenverzeichnis, sondern ein Literaturverzeichnis.

Wenn du dann dein Literaturverzeichnis erstellst, musst du all deine Quellen in die drei Kategorien „Primärquellen", „Sekundärliteratur" und „Tertiärliteratur" alphabetisch einsortieren.

Entsprechend der allgemeinen Definition sprechen wir dann von **Primärquellen**, wenn es um Forschungsgegenstände aus erster Hand geht, wie beispielsweise in der Germanistik ein Gedicht eines bedeutenden Schriftstellers.

Sekundärliteratur ist allgemein betrachtet die Auseinandersetzung eines solchen Forschungsgegenstandes, wie in diesem Falle eine Gedichtsanalyse durch einen Sprachwissenschaftler. Sie ist besonders dadurch gekennzeichnet, dass sie sich mit Quellenangaben auf mehrere Texte und Erkenntnisse bezieht, um die Primärquelle zu erklären und gegebenen Falls auch zu erweitern.

Dem hingegen fasst **Tertiärliteratur** mehrere Sekundärliteraturen zusammen und beurteilt sie. Ein Beispiel hierfür sind die meisten Enzyklopädien oder Lehr- und Sachbücher. Die Tertiärliteratur kann für deine wissenschaftliche Arbeit je nach Anforderungen deines Dozenten als Quelle unbrauchbar sein – muss es aber nicht. Das musst du am besten mit deinem jeweiligen Dozenten abklären. Aber ob so oder so, sie hilft dir dabei, ein kompliziertes Thema möglichst schnell und einfach zu verstehen sowie einen groben Überblick über dieses Thema zu bekommen.

Jedoch gibt es auch hochschul-, fakultäts- oder seminareigene Definitionen von Quellen. So ist beispielsweise in einem unserer Studiengänge folgende Definition begegnet, an sich ganz konkret gehalten werden musste:

Primärquellen sind all die Quellen, die nicht von mindestens zwei unabhängigen Fachleuten überprüft und kommentiert wurden. Dazu gehört alles, was nicht wissenschaftlich ist, wie Zeitungsartikel, Dokumentationen und alles, was es sonst noch so gibt.

Die Sekundärliteratur wurde jedoch einer solchen Prüfung unterzogen, weshalb Fachliteratur wie Monografien, Artikel aus Sammelbänden und in der Regel auch Fachzeitschriftenartikel und sogar Einträge aus Enzyklopädien – die allgemein ja eigentlich als Tertiärliteratur verstanden werden – dazugehören.

Einfach ausgedrückt ist demnach die Sekundärliteratur wissenschaftlich, während die Primärquellen unwissenschaftlich sind. Je nachdem, welche Einstellungen dein Prof. hat, kannst du sogar alles an Primärquellen benutzen, was du findest. Sogar Einträge und Artikel auf Wikipedia! Genau das war bei einem von uns in seinem Fach nämlich auch der Fall. Wichtig ist dabei nur, dass du die Unterscheidung zwischen Primärquellen und Sekundärliteratur einhältst sowie das Mindestmaß an Sekundärliteratur verwendet hast.

Aber all das sind spezielle Sachen, die du unbedingt bei deinem Dozenten nachfragen musst! Egal, ob es um die Kategorisierung und die Definierung von Quellen und Literatur geht oder um die Frage, ob Dokumentationen und Wikipedia-Einträge überhaupt als Quellen benutzt werden dürfen; Bringe bei jedem deiner Dozenten, bei dem du eine Hausarbeit schreiben musst, in Erfahrung, welche Vorgaben er dir macht!

Nachdem du dann deine Hausarbeit mit Hilfe der Vorgaben deines Dozenten und der Tipps, die wir dir gegeben haben, fertiggestellt hast, bist du bereit für die Abgabe. Einer Top-Note sollte jetzt nicht mehr viel im Wege stehen!

Präsentationen

Im Gegensatz zu den drei zuvor genannten Mitteln der Findung deiner Modulabschlussnote geht es bei einer Präsentation nicht unbedingt zwingend um eine Note. Es kann sein, dass dein Vortrag benotet wird, aber es kann genauso auch sein, dass du eine Präsentation einfach nur halten musst, um ein Modul angerechnet zu bekommen – ganz ohne Benotung. Das variiert von Modul zu Modul und wie es jetzt in deinem Fall ist, musst du am besten bei deinem Dozenten in Erfahrung bringen.

Wie sieht nun die Vorbereitung für eine Präsentation aus?

Genauso wie bei einer Hausarbeit beginnt jede Präsentation mit der Themenfindung. In der Regel kannst du dir aus allen Themenbereichen, die ihr in dem jeweiligen Modul im Laufe des Semesters behandeln werdet, eins aussuchen und darüber referieren. Schau dir auch jetzt genauso wie bei der Hausarbeit zuerst an, welches Thema dich interessiert, sodass du dich auch gerne mit der Materie auseinandersetzt und dir das Erstellen und Halten der Präsentation zumindest stückweit eine Freude bereitet.

Suche im nächsten Schritt nach Literatur und anderen Quellen, die du zu dem von dir gewählten Thema findest. Fällt es dir von Anfang an schwer, passende Informationen zu finden, solltest du besser dein nächstliebstes Thema für dein Referat auswählen. Geh daraufhin zu deinem Dozenten in die Sprechstunde, falls er sich nicht in der Vorlesung Zeit für die Vergabe der Referatsthemen nehmen sollte, und bespreche mit ihm dein Thema. Wenn er mit deiner Themenwahl einverstanden ist, kannst du mit der Recherche loslegen.

Lege dir zuerst einen roten Faden, der sich durchgängig durch deine gesamte Präsentation ziehen sollte. Der Sinn deines Referates ist nicht, ein komplettes Thema vorzustellen, sondern einen einzelnen Teilaspekt vielleicht sogar anhand einer Leitthese zu behandeln. Suche dir nur das raus, was zu dieser Leitfrage passt und relevant ist, um sie zu verstehen und um sie zu beantworten.

Merke dir an dieser Stelle:

Mache deine Präsentation so ausführlich wie nötig, aber so einfach wie möglich!

Achte auch direkt darauf, dass du dir zu jeder Information oder jedem Informationsblock die Quellen dazuschreibst, auf die du dich beziehst. Die Quellenarbeit solltest du genauso wie bei einer Hausarbeit echt nicht unterschätzen – sogar bei einer Präsentation!

Nachdem du die Informationen zusammengetragen hast, gilt es, Struktur reinzubringen und alles in ein Word-Dokument einzugeben. Oftmals werden Handouts von den Dozenten gewünscht, die einzelne Aspekte für Interessierte noch tiefer erläutern und deinen Vortrag ergänzen sollen. Wir empfehlen an dieser Stelle:

Arbeite vom Großen ins Kleine!

Das bedeutet, dass du zuerst das Handout erstellen solltest und danach erst die stichpunktartige Präsentation. Der Grund dafür ist, dass dir das Handout mit ausformulierten Sätzen dabei hilft, verschiedene Sachzusammenhänge besser zu verstehen und beschreiben zu können. Danach fällt es dir erfahrungsgemäß viel einfacher, die einzelnen Teilaspekte deines Referatsthemas kurz und knapp in Stichpunkten aufzuschreiben. Welche Erklärungen brauchst du nur im Handout als Ergänzung aufzunehmen? Wären sie in deinem Referat für das Verständnis deiner Leitthese von großer oder eher von nicht so großer Relevanz? Filter in diesem Schritt die Informationen für deine Präsentation, sodass du deine Vorgaben – besonders in puncto Zeit – einhalten kannst.

Bei der Erstellung deiner Präsentationsdatei solltest du ein paar Dinge beachten: So dient sie nicht dir, um dich bei deinem Vortrag zu unterstützen, sondern deinen Zuhörern, denen du das Thema erklären willst. Gestalte deswegen die Folien dementsprechend!

Für deine eigene Stütze solltest du dir Karteikarten mit eigenen Stichpunkten anlegen. Hierfür ist es ratsam, alle Notizen, die zu einer Folie gehören, genauso auch auf eine Karteikarte zu schreiben. Der Vorteil davon ist, dass du automatisch weißt, wann du zur nächsten Folie schalten musst, ohne ständig darauf achten zu müssen. Das bringt dir wirklich eine enorme Vereinfachung! Des Weiteren sollten auch die Zuhörer in den letzten Reihen lesen können, was auf deinen Folien steht. Überlade sie also nicht mit zu vielen Informationen und verfasse die Sätze nicht zu ausführlich – dafür ist das Handout da! Halte dich an möglichst vier bis fünf Unterpunkten pro Folie.

Denke außerdem an deine Zeit. Wenn du beispielsweise einen Vortrag von 20 Minuten halten sollst, dann sollte deine Präsentation auch nicht größer als 20 Folien sein – trotz Deckblatt und Literaturverzeichnis.

Nachdem du das alles gemacht hast, geht es nur noch um den Feinschliff. Lies noch einmal Korrektur, ob du auch keine Fehler in puncto Inhalt, Wissenschaftlichkeit, Stil oder Satzbau sowohl in deinem Handout als auch in deiner Präsentation hast.

Wenn deine Präsentation eine gute und verständliche Struktur hat, brauchst du auch keine Effekte einzubauen. Zwar solltest du schon ein bestimmtes Design verwenden und nicht einfach nur auf weißem Untergrund schreiben, aber in der Regel benötigst du dafür nur wenige Klicks und schon kannst du gute Vorlagen verwenden. Das Wichtigste ist aber wirklich der Umfang, denn es wäre sehr schade, wenn dein Dozent dich wegen abgelaufener Zeit stoppen müsste und du hättest dein Fazit noch nicht einmal ansatzweise präsentieren können.

Um genau das zu überprüfen, hilft es dir, wenn du dein Referat mindestens einmal allein in deinem Zimmer hältst und dabei die Zeit stoppst. Das gibt dir zumindest etwas Übung und lässt dich sicherer in deinem Vortrag werden. Um ihn aber fast schon zu automatisieren und konstruktive Kritik noch vor der (eventuellen) Benotung zu bekommen, ist es oftmals sehr hilfreich, wenn du das Referat vor Familienmitgliedern oder Freunden hältst und sie nach ihrer Meinung fragst. Können sie auch ohne viel Hintergrundwissen dein Referat verstehen? Und wenn sie irgendwelche Verbesserungsvorschläge haben, versuche sie zu beherzigen. Und dann steht eigentlich nur noch der eigentliche Vortrag in der Hochschule an...

Nun ist der Tag gekommen, an dem du deinen Vortrag halten sollst. Versuche, morgens keinen Kaffee oder andere koffeinhaltige Getränke zu trinken, damit du nicht noch nervöser wirst, als du vermutlich ohnehin schon bist. Mach dich früh auf den Weg und versuche mindestens 20 Minuten vor offiziellem Beginn der Vorlesung im Hörsaal zu sein, sodass du in Ruhe deine Sachen zurechtlegen und alles vorbereiten kannst. Sobald dein Dozent kommt und den Uni-Rechner einschaltet, brauchst du nur noch über einen USB-Stick deine Präsentation zu öffnen und schon bist du bereit. Solltest du in dieser Zeit Lampenfieber haben, beherzige die Tipps aus dem Kapitel über *Prüfungsängste*, die helfen auch hier! Sobald dein Dozent dir das Wort erteilt, kann es losgehen...

Versuche, direkt von Anfang an laut und deutlich sowie auch motiviert, aber dennoch nicht zu schnell zu sprechen. Und wenn man dir deine Nervosität dennoch anmerkt, dann ist das absolut gar kein Problem! Sei einfach du selbst, sei authentisch und original!

Suche direkt von Anfang an Augenkontakt mit deinem Publikum – das bedeutet, nicht nur mit deinem Dozenten, sondern auch mit den anderen Studierenden. Stelle zwischendurch auch rhetorische Fragen, um die Mitstudierenden zum Mitdenken anzuregen. Und wisse, auch wenn es dir nicht unbedingt so vorkommt, aber es gibt auf jeden Fall den ein oder anderen, der dir abgesehen von deinem Dozenten zuhört. Denke nicht, dass die Leute keinen Bock auf dich hätten! Die anderen Studenten und sogar dein Dozent verstehen es, wenn du nervös bist, und haben auch Verständnis dafür, wenn du dich mal verplapperst. Bleib ganz entspannt und mach dein Ding!

Lies außerdem nicht von den Folien ab, sondern von deinen Karteikarten. Nicht vergessen: Die Folien sind für das Publikum, nicht für dich! Und ganz wichtig: Denke ebenso daran, nach jeder Karteikarte auch die Folien umzublättern...

Ist dann das Ende deines Vortrages erreicht, bedanke dich zum Abschluss für die Aufmerksamkeit deiner Zuhörer und dann ist es auch schon vorbei. Du kannst endlich aufatmen!

Überkommt dich in diesem Moment kein erleichterndes Gefühl? Versuche, dieses schöne Gefühl im Kopf zu behalten, sodass du dich in der Zukunft daran erinnerst und bei deinen nächsten Präsentationen etwas Positives empfindest und nicht nur Stress und Negativität. Falls dein Dozent nicht ohnehin schon von sich aus im Anschluss dein Referat reflektiert, frage ihn am Ende der Vorlesung oder in seiner Sprechstunde um konstruktives Feedback. Das wird dir bei künftigen Präsentationen helfen – und zwar egal, ob in der Uni oder im Berufsleben! Wenn du hieraus neben einer guten Note noch das Bestmögliche für dich selbst und deine Zukunft herausziehen kannst, hast du das Beste erreicht, was du nur hättest erreichen können.

Unsere letzten Worte an dich

Herzlichen Glückwunsch!

Du hast es bis zum Abschluss dieses Buches geschafft. In einer Zeit, in der die wenigsten Menschen überhaupt noch Bücher lesen und von diesen wenigen noch weniger Menschen diese Bücher auch wirklich zu Ende lesen, ist das eine ehrlich beachtliche Leistung! Du kannst stolz auf dich sein – und das meinen wir vollkommen ernst!

Du hast diesen Studienratgeber mit all seinen Tipps und Tricks gelesen und wir hoffen sehr, dass er dir ein sehr großer Nutzen sein konnte. Denke aber daran, dass dir dieses Buch an sich nicht helfen kann, sondern nur dessen Umsetzung!

Und falls du Themen bemerkt hast, die dich selbst nicht wirklich betreffen, aber für einen Freund oder einen Mitstudierenden interessant sein könnten, dann empfehle ihm dieses Buch doch einfach weiter. Ebenso auch, wenn du jemanden kennst, der sich in einer ähnlichen Situation befindet wie du. Wir hoffen sehr, dass wir dadurch auch ihm genauso helfen und nützliche Tipps geben können.

Teile uns gerne deine Meinung zu dem Buch mit und schreibe uns eine E-Mail an info@stymia.de. Wir freuen uns sehr über jegliche Kritik und Verbesserungsvorschläge.

Hinterlasse auch gerne **eine ehrliche Bewertung auf Amazon** oder dem Online-Marktplatz, auf dem du das Buch erworben hast.

Wir wünschen dir viel Erfolg sowohl für dein weiteres Studium als auch für deinen darauffolgenden beruflichen Werdegang. Alles Gute!

Julian und Hendrik

Du möchtest auch Schülern helfen, besser in der Schule zu werden?

Wir empfehlen hierzu unseren Schulratgeber „Schule gehackt – Durch clevere Lerntechniken zu deiner Traumnote!“

https://amzn.to/3HOraTH

Printed by Amazon Italia Logistica S.r.l.
Torrazza Piemonte (TO), Italy

34019660R00087